HAYMON verlag

Manche Gerichtsprozesse sind so absurd wie das Leben. Zum Beispiel der Fall von der untalentierten Betrüger-Omi oder vom Mann, der eine Straßenbahn stahl. Außerdem auf der Anklagebank: rabiate Wildpinkler, aggressive Parklücken-Diebinnen und schnapsaffine Polizisten.

Doch neben solchen Straftaten gibt es auch welche, die ganz und gar nicht lustig sind. Fälle, die dich schockieren und wütend machen werden, Habgier und Eifersucht als Tatmotive, wenig Einsichtigkeit der Täter*innen.

Mit diesem Buch begleitest du Michael Möseneder direkt an seinen Arbeitsplatz. Der Gerichtsreporter hat ein untrügliches Gespür dafür, welche Verhandlungen besonders spannend werden könnten – und genau die besucht er.

Ob du bestimmte Geschichten überblättern musst oder alles fassungslos in dich aufnimmst, hier wirst du schmunzeln, grübeln, empört den Kopf schütteln und dich immer wieder mal verstört fragen: „Ist das wirklich passiert?!"

Michael Möseneder

Der Taubenhasser und das Fenster zum Hof

Unglaubliche Wiener Gerichtsprozesse

Das Leben zwischen Buchstaben und Paragrafen

Vor Gericht und auf hoher See ist man in der Hand eines höheren Wesens, wird behauptet, wobei die Erfindung von Schiffsschraube und Verbrennungsmotor den göttlichen Handlungsspielraum auf den Weltmeeren merklich verringert hat. Im Justizsystem geht es im Gegensatz zur Seefahrt aber auch nur bedingt um Naturgewalten, sondern vor allem um Menschen. Deshalb ist die Vorstellung einer unparteiischen Göttin Justitia (die in der antiken Mythologie übrigens nicht blind ist), die das Recht anwendet und so für Gerechtigkeit sorgt, natürlich absurd. Noch dazu, da die Antwort auf die Frage, ob ein Urteil gerecht gewesen ist, je nach befragtem Beteiligten anders ausfallen wird: Was die Staatsanwältin für gerecht hält, wird der Verteidiger als zu hart empfinden; was das Publikum für „Kuscheljustiz" hält, wird der Berufsrichter als härtestmögliche Strafe ansehen.

Was für die Justiz gilt, gilt erst recht für den Journalismus, auch im Genre der Gerichtsreportagen. Fast jede Geschichte, die man in einem Verhandlungssaal hört, könnte man den Leserinnen und Lesern aus verschiedensten Perspektiven erzählen. Man könnte ein Verfahren aus dem Blickwinkel der (Zwei-)

Klassenjustiz sehen, die Berichterstattung immer unter einen feministischen Standpunkt stellen, sich darüber echauffieren, dass nicht hart genug durchgegriffen oder die Lebensgeschichte der Angeklagten zu wenig berücksichtigt wird.

Diese journalistische Vorgehensweise bietet sich vor allem an, wenn man nur die „großen", die sogenannten clamorosen Prozesse besucht und sonst nicht viel mit dem Gerichtsalltag zu tun hat. Oder überhaupt nicht im Saal anwesend ist und dann aufgrund einer Agenturmeldung einen Justizskandal wittert.

Hat man aber schon sehr, sehr viele Verfahren live mitverfolgt, erkennt man, dass die überwiegende Zahl der Entscheidungen, die von Berufsrichterinnen und -richtern sowie ihrer Laienkollegenschaft, Schöffinnen, Schöffen und Geschworenen, getroffen werden, durchaus nachvollziehbar ist. Und auch, dass im Zweifelsfall immer noch die nächste Instanz mitredet. Obwohl die Funktion des „embedded journalist", also eines Medienmitarbeiters, der ganz nah am Geschehen ist und ständig mit denselben Personen zu tun hat, selbstverständlich die Gefahr birgt, dass man Teil des Systems und damit betriebsblind wird.

Dieser Gefahr lässt sich aber begegnen, wenn man zu den beruflichen Protagonistinnen und Protagonisten, seien es Verteidigerinnen, Richter oder Staatsanwältinnen, die gleiche Distanz oder Nähe hält. Mit manchen versteht man sich gut, zu anderen hat man ein sehr formelles Verhältnis. In die Berichterstattung sollte das tunlichst nicht einfließen, auch wenn es sich wohl nicht hundertprozentig vermeiden lässt.

Im Mittelpunkt stehen immer Angeklagte, Opfer und deren Geschichten. Und diese Geschichten sind manchmal verstörend, manchmal widerwärtig, manchmal empörend, manchmal nachvollziehbar und manchmal auch ziemlich lustig. Auf den folgenden Seiten findet ihr einige davon, die in den vergangenen Jahren in der österreichischen Tageszeitung DER STANDARD veröffentlicht wurden, und einige, die hier erstmals zu lesen sind. Nicht bei allen Verfahren ist es mir gelungen, festzustellen, ob das Urteil rechtskräftig geworden ist, daher wird dann die Version zum Zeitpunkt der Veröffentlichung verwendet.

Den aufsehenerregenden Großverfahren ist dabei nur ein Kapitel gewidmet. Der Grund: Viel öfter sind es die kleinen Prozesse, die Schlaglichter auf die Lebensrealität der Menschen in diesem Land werfen oder zeigen, zu welch absonderlichen Dingen der Homo sapiens in der sozialen Interaktion fähig ist. Viele sind zum ersten Mal vor Gericht, haben Angst, kennen das Prozedere nicht und sind dadurch besonders verletzlich. Ziel ist dabei nicht, jemanden vor die Scheinwerfer zu zerren oder das Publikum mit einem Sozialporno zu bespaßen. Sondern vielmehr, zu zeigen, dass es verschiedene Wirklichkeiten gibt, die man sich oft gar nicht vorstellen kann. Die aber Handlungen nachvollziehbarer machen, wenn man ein wenig darüber nachdenkt. Denn von einem Umstand kann man ausgehen: Niemand ist gefeit davor, selbst einmal auf dem Anklagestuhl zu sitzen, auch jene nicht, die am lautesten nach Law & Order rufen.

Eigene Fischarten werden im Straflandesgericht nicht ge-
züchtet, die Renovierung lässt einfach bereits seit Jahren
auf sich warten.

Kapitel 1:
Wenn man seinen
Ohren kaum traut

Nicht immer weiß man als Gerichtsreporter im Vorhinein, was einen genau erwartet, wenn man von einem Prozess erfährt. Manche Geschichten hören sich dramatisch an, bieten dann aber wenig Grund, darüber zu berichten. In anderen Fällen ist es umgekehrt: Erst im Verhandlungssaal kommen kuriose Begebenheiten ans Licht. Einige dieser Geschichten findet ihr hier versammelt: Es geht um Büropflanzen und ihre Lichtbedürfnisse, Cheeseburger als Mittel zur Nothilfe und Chefinnen, die Mitarbeiter inkognito dazu bringen, ein Kind zu missbrauchen.

Topfpflanzenstreit beim Bundesheer

Wenn eine Richterin „Hat der noch gelebt?" fragt, wird gemeinhin ein Schwerverbrechen verhandelt. Im Prozess wegen schwerer Körperverletzung gegen Eva M. ist das glücklicherweise nicht der Fall. Die besorgte Erkundigung von Richterin Nicole Baczak gilt nämlich einer Pflanze. Die soll die 44-jährige Angeklagte samt Topf einer Untergebenen auf den Fuß geschmissen haben, wodurch sich die Frau einen Fußknochen gebrochen hat.

Schauplatz ist eine Kanzlei des Verteidigungsministeriums. Frau M. ist dort Amtsdirektorin; bis zum Vorfallstag, dem 8. August 2016, teilte sie sich mit Frau J. das Zimmer. Die scheint eine Pflanzenliebhaberin zu sein, vier Stück, darunter zwei Birkenfeigen, besser bekannt unter dem Namen Ficus, und einen Elefantenfuß stellte sie ins Büro.

Als Frau J. im Sommer auf Urlaub war, fasste die Angeklagte einen Plan. „Es war so heiß, daher habe ich die Pflanzen von der Fensterbank genommen, damit man lüften kann, und einen Ficus umgestellt. Da habe ich auch bemerkt, dass der Lichteinfall viel besser geworden ist, man hat kein elektrisches Licht mehr gebraucht", schildert sie.

Am Tattag kam die Kollegin aus dem Urlaub zurück. „Sie ist in die Teeküche gegangen, die ist geputzt worden. Dann hat sie gleich gefragt, wer ihre Sachen umgeräumt hat", erzählt die Unbescholtene. Dramatisch wurde die Situation dann, als Frau J. in ihrem Zimmer den 1,60 Meter hohen Ficus nicht sah. „Sie hat gefragt, wo er ist, und ich habe ihr gesagt, er steht neben der Tür."

Aus Sicht der Besitzerin ein schlechter Platz, sie wollte ihn offenbar wieder näher ans Licht stellen. „Ich habe ihr dann eine Dienstanweisung erteilt, dass sie die Stöcke wegstellen muss", erinnert sich die Angeklagte. „Sie haben ihr eine Dienstanweisung erteilt?", fragt Baczak ungläubig. Nicht nur das hat sie, sie wollte auch den Vorgesetzten um eine letztinstanzliche Entscheidung bezüglich des Pflanzenstandorts bitten.

„Bis dahin wollte ich den Stock von der Fensterbank nehmen. Er ist mir aber ausgerutscht und auf den Boden gefallen." Frau J. habe sie dabei nicht getroffen. „Sie hat dann aber gesagt, ich hätte mich erschreckend verändert", berichtet Frau M. weiter. Dann habe die Kontrahentin alle Blumentöpfe ins Auto getragen und sich krankgemeldet.

„Wer hat den Unfall gesehen, also quasi das Attentat des Blumentopfes?", erkundigt sich die Richterin. Sie erfährt, dass es keine unmittelbaren Zeugen gibt. Andere Mitarbeiter würden aber bezeugen können, dass Frau J. weder über Schmerzen geklagt hat noch gehumpelt ist.

Frau J. erzählt naturgemäß eine ganz andere Geschichte. „Ich habe nach dem Urlaub den Dienst angetreten. Als ich gekommen bin, war eine ganz eigenartige Stimmung, eher feindselig", erzählt sie schluchzend. Als sie sich wegen der Teeküche erkundigte, habe sie eine barsche Antwort bekommen, die sie so verstört zu haben scheint, dass sie ihren Ficus übersah.

Als sie diesen wieder auf seinen angestammten Platz stellen wollte, sei die Situation eskaliert. „Die Frau Amtsdirektor ist herübergestürmt und hat mit der Hand den Blumentopf vom Fensterbrett geschmissen", behauptet die 49-Jährige. Der rund fünf Kilo schwere Topf habe sie mit der Kante dann am Fuß erwischt.

„Ich war geschockt und wollte nur noch weg", daher habe sie die Streitobjekte in ihren Wagen verfrachtet und sei zum Hausarzt gefahren. Der habe sie zum Röntgen geschickt, im Spital sei ihr dann gesagt worden, dass das sogenannte Sesambein im linken Fuß gespalten sei.

Als Anhängerin von Naturmedizin verweigerte sie die verschriebenen Schmerzmittel, wegen ihrer Arthritis wollte sie auch keinen Gips. Der Knochenbruch habe weitere Folgen gehabt – einige Zeit später stieß sie, da sie nicht richtig auftreten konnte, gegen einen Türstock und brach sich die kleine Zehe. Drei Monate war sie insgesamt im Krankenstand.

„Waren Sie früher sportlich?", stellt der medizinische Sachverständige Christian Reiter eine zunächst überraschend klingende Frage. „Ja, ich bin gelaufen, geklettert, gewandert", bekommt er als Antwort. „Wollen Sie Schmerzensgeld?", erkundigt sich die Richterin noch. „Ja, mein Anwalt hat gesagt, ich kann das fordern. Ich weiß aber nicht, wie viel."

Ein Umstand, der keine Rolle mehr spielt, als Reiter sein anhand der Röntgenbilder und der Krankenhausakte erstelltes Gutachten erläutert. „Die Dreiteilung des Sesambeines muss deutlich vor dem 8. August passiert sein", stellt er nämlich fest. „Eine derartige Verletzung passiert meistens bei einem Sprung aus großer Höhe. Es kann aber auch eine Ermüdungsfraktur sein, die bei Läufern vorkommt."

Wäre Frau J. von einer Blumentopfkante getroffen worden, hätte es zusätzlich noch andere Symptome geben müssen. Aus seiner Sicht könne die Zeugin sich daher maximal eine Prellung zugezogen haben, falls sie überhaupt getroffen worden sei. „Vereinfacht gesagt: Da war kein Blumentopf?", bringt die Richterin es auf den Punkt. „Ich würde mit wesentlich schwereren Verletzungen rechnen, wenn es einen gegeben hätte", antwortet der Experte.

Die logische Folge ist ein nicht rechtskräftiger Freispruch für Frau M., Frau J. nimmt ihn wortlos zur Kenntnis und verlässt den Saal. Die beiden Frauen arbeiten mittlerweile übrigens an unterschiedlichen Standorten.

Der Shoppingsender und die betrügerische Pensionistin

Es ist quasi eine Vermögensumverteilung auf eigene Faust gewesen, die Margarethe S. begangen hat. Die 68-Jährige ist nämlich der Meinung, vom Leben benachteiligt worden zu sein. Die Pensionistin hat daher beim TV-Shoppingsender QVC eine umfangreiche Bestellung aufgegeben. Als Käufernamen verwendete sie allerdings den einer Bekannten, bezüglich der Rechnung hielt sie sich an den italienischen Literaturnobelpreisträger Dario Fo: „Bezahlt wird nicht!" Daher muss Richter Ulrich Nachtlberger entscheiden, wie er diesen Betrug bestraft.

Ihr Motiv schildert die Unbescholtene unter Tränen. „I hob mei gonz' Leben hoat goabeit", sagt sie. Wegen ihres Expartners sei sie in Konkurs gewesen, offenbar ist ein geschäftliches Unternehmen gescheitert, und der Herr zog es vor, die Verbindlichkeiten auf sie abzuwälzen.

Dazu kommen Pfändungen wegen weiterer Schulden und Forderungen des Finanzamts, die ebenso noch aus dem Unternehmertum stammen. Von ihrer Pension bleiben ihr lediglich 965 Euro zum Leben. „I hob monchmoi fost nix zum Essen ghobt!", erzählt sie. Und: „I woid ma a amoi wos leisten."

Die Unbescholtene leistete sich einiges. Auf der Bestellliste bei QVC, einem international tätigen Konzern, der laut Eigenangaben mit 17.700 Mitarbeitern weltweit rund 7,63 Milliarden Euro Umsatz macht, stehen höchst unterschiedliche Dinge: ein Laptop, vier Garnituren Bettwäsche, ein Kinderspielzeug, drei Kleidungsstücke, vier Kosmetikprodukte und ein ziemlich hässliches weihnachtliches, leucht-endes Fensterbild. Insgesamt machte die Rechnung fast 900 Euro aus.

Die kriminelle Intelligenz von Frau S. war aber enden wollend. Bestellbetrug basiert naturgemäß darauf, den wahren Empfänger zu verschleiern. Die Angeklagte gab zwar für die Rechnung Name und Adresse ihrer Bekannten an, als Lieferadresse aber einfach ihre eigene. Die Zeugin war verständlicher-weise recht überrascht, als sie plötzlich die Zah-lungsaufforderung bekam, die wahre Täterin konnte dagegen wenig überraschend rasch ausgeforscht werden.

Richter Nachtlberger schafft es, der Pensionistin das Wesen einer Diversion in leicht verständlichen Worten zu erklären. „Es gibt da ein Zuckerl. Also eh alles im Rahmen des Gesetzes. Wenn Sie geständig sind und den Schaden wiedergutmachen, kann das heute auch ohne eine Verurteilung enden. Das nennt man dann Diversion, da dürfen Sie einfach ein paar Jahre nichts mehr machen." Frau S. nimmt das Ange-bot freudig und dankend an, Staatsanwältin Kristina Jahn hat ebenso wenig Einwände, damit ist die Ent-scheidung rechtskräftig.

Der Rosenbusch und der Hausbesuch mit Schlagring

Friedrich M. ist einigermaßen erbost, als er vor Richterin Beatrix Hornich sitzt. Dass er sich am Abend des 21. November bei seinem Besuch bei Herrn R. fälschlicherweise als Polizist ausgegeben habe, gibt der 67-Jährige zwar zu. Ebenso, dass er einen Schlagring gezogen und R. körperliches Unbill angedroht habe. „Aber verletzt habe ich ihn sicher nicht!", beteuert der Angeklagte.

Im Hintergrund steht ein Konflikt: M. scheint überzeugt, dass R. eine Frau belästigt, und wollte sich als Rächer betätigen. Mit einem Freund fuhr der Pensionist zu der Wohnhausanlage in Wien-Simmering. An der Gegensprechanlage sagte er zu R., er sei von der Kriminalpolizei, worauf er eingelassen wurde.

„Er ist mir im Stiegenhaus entgegengekommen, wir waren uns nie näher als vier oder fünf Meter", sagt der Angeklagte. Ja, er habe einen Schlagring gezeigt, den er sich sicherheitshalber mitgenommen hatte. Und er stellte lautstark fest: „Pass auf, wenn du die Nicole ned in Rua losst, hau i da den Schädl ei!"

„Woher haben Sie denn den Schlagring?", will die Richterin wissen. Aus der Wohnung seines 1999 verstorbenen Bruders, erklärt der Angeklagte. „Haben Sie gewusst, dass das eine verbotene Waffe ist? Haben Sie sich da nie erkundigt?", fragt Hornich. „Nein, ich habe ihn ja nie gebraucht."

Dass er, wie Herr R. bei der Polizei behauptete, mehrmals mit dem Schlagring in R.s Richtung geschlagen und ihn einmal am Handgelenk erwischt habe, stimme definitiv nicht. Es habe ein Wortgefecht gegeben; nachdem R. von einer Verwandten ein Baseballschläger gereicht wurde, seien der Angeklagte und sein unten wartender Bekannter gegangen.

M. hat eine ganz andere Theorie, wie es zu einer Verletzung gekommen sein könnte: R. sei unmittelbar danach noch in einen Raufhandel verwickelt gewesen, habe er erfahren. Von diesem müsse die leichte Prellung am Handgelenk stammen, die im Spital diagnostiziert worden sei.

Der 47-jährige R., der als Zeuge von einer Mitarbeiterin der Wiener Interventionsstelle gegen Gewalt in den Saal begleitet wird, stellt das definitiv in Abrede. Er sei gleich nach dem Vorfall mit Herrn M. zunächst zur Polizei und dann ins Spital gefahren. „Es gab sonst keine Rauferei", erklärt er im Brustton der Überzeugung. Lediglich an einem Rosenbusch habe er sich gekratzt, als er die Wohnanlage verließ, verrät er noch.

Die Auseinandersetzung im Stiegenhaus schildert er dagegen deutlich dramatischer. M. habe zwei oder drei Mal in Richtung seines Gesichts geschlagen und ihn einmal am Gelenk getroffen, als er einen Schlag abwehren wollte. Richterin Hornich fragt über die genauen Platzverhältnisse nach und wird zusehends skeptisch. Der 1,72 Meter große Angeklagte sei demnach tiefer als der 1,80 Meter große R. gestanden, zusätzlich sei noch das Stiegengeländer zwischen den Männern gelegen.

„Hätten Sie nicht einfach einen Schritt zurück machen können? Dann wären Sie ja sicher außer Reichweite des Angeklagten gewesen." – „Nein, da stand meine Stieftochter", behauptet der Zeuge, der auch sagt, er habe aus Angst Tage nach dem Vorfall nicht mehr schlafen können. Dass ihm ein Baseball-schläger gebracht worden sei, bestreitet der Zeuge – der Gegenstand, den ihm seine Stieftochter aus der Wohnung geholt habe, sei ein schwarzer Besenstiel gewesen.

Seine Gattin kann als Zeugin wenig beitragen, da sie den Streit im Stiegenhaus nicht verfolgt hat. Umso interessanter ist dafür die Befragung der Stief-tochter. Die erklärt, sie sei auf der Treppe schräg über R. gestanden und nicht direkt hinter ihm. Au-ßerdem habe sie nur einen Schlag wahrgenommen. Auf die Frage von Staatsanwalt Bernhard Mascha, ob sie ihrem Stiefvater etwas gebracht habe, schüttelt sie energisch den Kopf und verneint das auch verbal.

Der Staatsanwalt beantragt also eine Protokollab-schrift, da sich die Aussagen von R. und der Zeugin eklatant widersprechen und der Verdacht der falschen Zeugenaussage im Raum steht. Doch es kommt noch besser. „Gab es noch eine andere Auseinanderset-zung?", fragt die Richterin. „Ja, gab es", gibt die Zeu-gin zu. Ihr Stiefvater und ihr Ex-Freund hätten sich um einen Schlüsselbund gestritten, den der Ex nicht hergeben wollte. Ihr Stiefvater habe diesen Streit aber nicht weiter verfolgen wollen, gibt die Zeugin zu. „Er hat gesagt: ,Es war ein Ausrutscher, er war auf Alkohol.'" – „Hat auch ein Rosenbusch eine Rolle ge-spielt?" – Die Zeugin kichert und will dazu nichts sagen.

Wegen der Nötigung und des Besitzes einer verbo-tenen Waffe entscheidet Hornich sich für eine vorläu-fige Einstellung des Verfahrens gegen die Bezahlung von 150 Euro Pauschalkosten. Vom Vorwurf der Kör-perverletzung spricht sie M. dagegen frei – zu wider-sprüchlich seien die Aussagen der Gegenseite gewesen.

Der von einer Unbekannten angestiftete Kinderschänder

„Die ganze Causa ist abstoßend und pervers", fasst Helmut Neumar, Vorsitzender des Schöffengerichtes in Korneuburg, die Geschichte von Walter K. und Brigitta S. zusammen. Im Laufe des Verfahrens um schweren sexuellen Missbrauch einer Unmündigen fallen auch andere Beschreibungen: „bizarr", „unglaublich", „abscheulich". Jeder der Begriffe passt.

Der 59 Jahre alte K. verdiente sein Geld damit, in der Firma von S. behinderte Kinder mit dem Bus in die Schule zu fahren. Eine 13-Jährige, körperlich beeinträchtigt und geistig auf dem Niveau einer Zwei- bis Dreijährigen, soll er von September 2016 bis Jänner 2017 mindestens 20-mal missbraucht haben, wirft ihm die Staatsanwältin vor.

„Ich bin schuldig", bekennt K., dreifacher Vater. Mit seiner Lebensgefährtin war er 14 Jahre zusammen, gleichzeitig hatte er zahlreiche Affären, die er im Internet kennenlernte. „Sie waren ja praktisch permanent on. Da ging es in den Chats ja immer gleich ums Blasen und Ficken", spricht es der Vorsitzende unverblümt aus. „Sie waren ja immer auf der Suche?" – „Als Bestätigung", argumentiert der Angeklagte.

Die bekam er beispielsweise von „Gipsy dewo", die er 2016 auf Facebook kennen lernte. Man schrieb sich viel, der sonst dominante K. sagt, er sei in der schriftlichen Beziehung mit der Unbekannten der Unterwürfige und süchtig nach „Gipsy" gewesen: „Ich wollte nur mit ihr schreiben. Mit ihr in Verbindung sein."

Auch während seiner Fahrten kommunizierte er fernschriftlich mit der Person. Und schrieb ihr einmal, dass sein Opfer, wie schon öfter, seine Nähe gesucht und ihren Kopf in seinen Schoß gelegt habe. „Mach mal dein Hosentürl auf und schauen wir, was passiert", forderte ihn „Gipsy dewo" auf. „Und Sie haben das gemacht?", ist Neumar fassungslos. „Ich habe nicht nachgedacht und das einfach gemacht." Zum Beweis fertigte er noch ein Foto an und schickte es „Gipsy". Das wiederholte sich in den kommenden Wochen.

Im Jänner sei er eines Morgens schweißgebadet und mit schlechtem Gewissen aufgewacht, erzählt K. weiter. Um den Missbrauch zu beenden, versuchte er, die Route abzugeben, oder bat seine Chefin S., ihn zu begleiten. 2017 fand er auf seinem Auto einen USB-Stick mit den Missbrauchsbildern, seine Arbeitgeberin erzählte ihm, dass sie von Unbekannten mit den Fotos erpresst werde. Sogar bei der Polizei zeigte die 54 Jahre alte Frau an, dass sie von einem BMW verfolgt werde, dessen Kennzeichen sich als gestohlen herausstellten.

Schließlich erschien S. bei der Lebensgefährtin von K., zeigte ihr die Bilder und erzählte von der Erpressung. Die Lebensgefährtin schmiss K. hinaus und forderte ihn auf, sich der Polizei zu stellen. Der machte das nicht, daher zeigte ihn am Ende sein eigener Sohn an.

Die Polizei begann zu ermitteln und kam zu einer überraschenden Erkenntnis. Denn im Zuge der Erhebungen wurde die Identität von „Gipsy dewo" offenbart: Frau S. hatte das Fakeprofil angelegt, sich die Erpresserbriefe selbst geschrieben, Drohanrufe aus Telefonzellen fingiert und die Nummerntafeln des geheimnisvollen BMW gestohlen und in ihrem Hochbeet vergraben.

Ihr Motiv bleibt im Dunkeln. Die vierfach Vorbestrafte erzählt, sie habe K., mit dem sie selbst eine Affäre hatte, des Kindesmissbrauchs verdächtigt und wollte ihn überführen. „Da hätte aber schon ein Foto gereicht!", wirft der Vorsitzende ein. Dann sagt sie, ihr Ziel sei gewesen, dass K. sich selbst stelle. „Warum sind Sie dann zu seiner Partnerin gegangen und haben ihr die Fotos gezeigt und von der angeblichen Erpressung erzählt?", hält ihr die Staatsanwältin vor. Antwort bekommt sie keine.

Bei einer Strafdrohung von bis zu zehn Jahren wird K. zu sechs und S. zu vier Jahren Haft verurteilt. Sowohl Angeklagte als auch Anklägerin berufen gegen die Strafhöhe, das Urteil ist daher nicht rechtskräftig.

Krippenfiguren und Teddybären

„Es gibt Sachen, die glaubt man nicht. Sie haben nur für Teddybären für Ihren Sohn wahrscheinlich ein Kulturgut Österreichs zerstört", ist Nicole Baczak, Vorsitzende des Schöffensenats, am Ende des Prozesses gegen Marie-Theres E. (Name geändert, Anm.) noch immer fassungslos. Staatsanwältin Leila Ivo geht es in ihrem Schlussplädoyer ähnlich: „Das Ganze zeugt von einer Dreistigkeit, die ich kaum mehr in Worte fassen kann", fordert sie eine Verurteilung der 31-jährigen E. wegen schweren gewerbsmäßigen Diebstahls. Das Opfer der Unbescholtenen: das Volkskundemuseum Wien. Der Schaden: mindestens 100.000 Euro.

Die Akademikerin war dort als „Kulturvermittlerin" tätig, wie heute Museumsführer genannt werden. Da E. manchmal auch Gruppen außerhalb der Öffnungszeiten das Museum zeigte, konnte sie auf einen Zentralschlüssel zugreifen. Anfang November 2017 sei die Tür zu einer Werkstatt offen gestanden, berichtet die Angeklagte, die sich schuldig bekennt.

„Ich bin aus Neugier hineingegangen", erinnert sie sich. „Ich habe zwei Engel gesehen. Die haben mir so gut gefallen. Ich habe so was nie besessen. Aus irgendeinem Grund habe ich sie genommen", erzählt sie dem Senat. Die Himmelswesen waren Teil der barocken „Jaufenthaler Krippe", eines der Prunkstücke des Hauses.

Aufgestellt ist die Krippe rund 30 Quadratmeter groß und besteht aus 898 einzelnen Objekten. Es blieb nicht bei einem Diebstahl. Mindestens sechs weitere Male drang die Angeklagte mittels Zentral-

schlüssel in die Werkstatt ein und stahl 90 Krippen-
objekte und 200 Wallfahrtsmedaillons. En passant
ging das nicht, wie Anklägerin Ivo herausarbeitet.
Denn manche Objekte waren 20 bis 30 Zentimeter
groß, sie einfach in die Hosentasche zu stecken war
nicht möglich.

Ihre Beute verkaufte E. im Internet in ganz Europa, eine Liste von sieben Käufern gab sie der Polizei.
Das waren aber teilweise Großabnehmer, die die be-
gehrten Stücke wieder veräußerten. Der Spur jedes
einzelnen Stückes zu folgen ist schwierig.

„Warum?", will Baczak mehr über das Motiv wissen. „Ich hatte ein sehr schlechtes Gewissen wegen
meinem kleinen Sohn", antwortet E. unter Tränen.
„Ich war länger im Krankenhaus und wollte das wiedergutmachen. Ich habe ihm sehr viele Spielsachen
gekauft. Teddybären, ein Spielhaus. Und ich wollte,
dass er von allem das Beste hat."

Verteidigerin Ingrid Herzog-Müller und die Angeklagte sagen, es seien nur 5.000 Euro durch die
Verkäufe erlöst worden, es seien auch nicht so viele
Objekte wie angeklagt gestohlen worden. E. habe im
Internet auch selbstgemachte Objekte oder Floh-
marktfunde weiterverkauft. Die Vorsitzende sieht
das finanzielle Motiv nicht: „Ich habe nachgeschaut:
Gegen Sie läuft keine Exekution oder Zivilklage. Wo
genau ist das finanzielle Problem?" – „Ich bin manchmal mit dem Geld nicht ausgekommen."

Direktor und Angestellte des Museums bestätigen
die angeklagten Verluste. „Ist das quasi Ihre Saliera?",
will Baczak von einer Zeugin wissen. „Ja, es gehört
sicher zu den wertvollsten Stücken." Der Marktwert
kann nur geschätzt werden. Aber E. habe die Beu-

te vor dem Verkauf teilweise auch verändert – aus einem Engel einen Teufel gemacht, beispielsweise. Alleine die Wiederherstellung der sichergestellten und wiederausgeforschten Figuren kostet mindestens 100.000 Euro.

Kurios ist die Geschichte, wie E. enttarnt wurde. Die Diebstähle wurden zwar der Polizei gemeldet, zunächst aber nicht öffentlich gemacht. Als das Bundeskriminalamt nach einigen Monaten doch Bilder der Beute auf seine Homepage stellte, berichtete die „Kronen Zeitung" darüber.

Eine ehrenamtliche Helferin des Museums wurde von einer Freundin beim wöchentlichen Kaffeetreffen auf den Bericht aufmerksam gemacht. „Als ich die Bilder gesehen habe, wusste ich, dass ich die auf Ebay gespeichert habe", schildert diese Zeugin. Denn: Sie ist selbst Sammlerin von Krippenfiguren – und hatte selbst bereits zweimal bei der Angeklagten gekauft.

Die Zeugin rief die zuständige Museumsmitarbeiterin an und nannte den Namen ihrer Geschäftspartnerin. „Da war erst Stille. Und dann habe ich gehört: ‚Die arbeitet bei uns.'" Nicht nur das: Die von ihren Kolleginnen als unauffällig und freundlich beschriebene E. bot nach dem Verschwinden der ersten beiden Engel sogar an, bei der Suche nach ihnen zu helfen.

Bei ihrer ersten Einvernahme durch die Polizei sagte die Angeklagte noch aus, sie habe die von ihr verkauften Figuren „bei Zigeunern am Naschmarkt gekauft". Schließlich plagte sie das schlechte Gewissen, sie kam ein zweites Mal zu den ermittelnden Beamten, brachte ein gutes Dutzend Figuren mit und gestand.

Das Urteil: zwei Jahre Haft für gewerbsmäßigen schweren Diebstahl, davon acht Monate unbedingt. Zusätzlich bekommt E. Bewährungshilfe und muss den Schaden ersetzen.

Der fliegende Burger und der Schädel-basisbruch

Thomas P. hat zwei Vorstrafen, eine davon wegen versuchten Mordes. Nicht das beste Blatt also, wenn man wie er beschuldigt wird, seinem Kontrahenten bei einer Auseinandersetzung den Schädel gebrochen und ihn so schwer verletzt zu haben. Der 38-Jährige bekennt sich vor Richterin Erika Pasching dennoch nicht schuldig: Er habe in Nothilfe gehandelt, wobei sich der über 70 Jahre alte Gerhard K. verletzt habe.

Die Geschichte spielt vor der Begegnungszone beim Einkaufszentrum Wien-Mitte im Bezirk Landstraße. Zwei Frauen und ein Kind probierten dort die fast allgegenwärtigen mietbaren E-Scooter aus. Mit zwei Gefährten waren sie unterwegs, auf einem fuhr der Bub mit seiner Tante.

„Ich bin gerade über den Zebrastreifen gegangen, als ich gesehen habe, wie der Herr die Dame samt dem Kind vom Scooter gestoßen hat", erinnert sich der Angeklagte. „Es ist dann ein Streit zwischen dem Herrn und einer Frau entstanden, der Herr hat die Faust gehoben. Ich dachte, er wird sie gleich schlagen."

Da P. sich zuvor einen Imbiss in einem Schnellrestaurant besorgt hatte, verwendete er das aufgemotzte Fleischlaberl als Wurfgeschoss. „Ich habe meinen Cheeseburger geworfen und bin losgerannt", behauptet der Angeklagte. Sein Ziel sei es gewesen, sich zwischen den älteren Mann und die deutlich kleinere Frau zu zwängen und zu deeskalieren. „Ich habe den Herrn dabei sicher nicht gestoßen, maximal angerempelt. Er fiel nach hinten um und ist mit dem Kopf unglücklich auf einer Gehsteigkante aufgeschlagen", beteuert P. gegenüber Richterin Pasching.

Die Folgen des Vorfalls waren verheerend: K. erlitt einen Schädelbasisbruch, war eine Woche stationär im Krankenhaus und leidet auch Monate später noch unter Wortfindungsstörungen und Druckgefühlen im Kopf, wie er schildert. 500 Euro Schmerzensgeld hätte der Pensionist gerne.

Davor erzählt K. jedoch eine völlig andere Version der Geschehnisse. „Ich bin aus dem Kino gekommen, es waren ungefähr 30 Leute auf dem Gehsteig." Plötzlich sei er leicht von einem Roller gestreift worden. Es sei nicht dramatisch gewesen, er wollte allerdings seine Auslegung der Straßenverkehrsordnung klar machen. „Was macht ihr da, ihr gehört ja auf die Straße!", habe er sinngemäß geschrien. „Es tun ja alle", echauffiert er sich auch vor Gericht.

Vom Scooter habe er aber niemanden gestoßen, stellt der Pensionist klar. Da auf der anderen Straßenseite die zweite Frau – die Mutter des Kindes – wartete, habe er auch ihr nochmals seinen Standpunkt dargelegt. Aber sicher nicht drohend, geschweige denn mit erhobener Faust.

Warum genau das aber sowohl die beiden Scooterfahrerinnen als auch unbeteiligte Zeuginnen und Zeugen aus den umliegenden Gastgärten so wahrgenommen haben, kann er sich nicht erklären. „Da waren sicher 30, 40 Leute herum. Wenn ich so drohend gewesen wäre, warum ist dann nicht von denen wer eingeschritten?", wundert K. sich.

Die bedrohte Frau liefert dafür in ihrer Aussage eine mögliche Erklärung: „Die anderen haben nichts gemacht, der Herr Angeklagte hat Zivilcourage gezeigt", lobt sie. Denn der Pensionist habe zu ihrer kopftuchtragenden Schwester auch „Schleicht's eich in eier Land!" gesagt, was K. wiederum bestreitet.

Der Verletzte hat das jedenfalls völlig anders wahrgenommen, wie er schildert. „Plötzlich kam der Herr dazu und sagte, ich soll die Frau in Ruhe lassen", rekapituliert er vor Gericht. „Er hat sich auf die Seite der –", K. stockt kurz, „– Leute geschlagen, anstatt ihnen zu sagen, dass sie nicht auf dem Gehsteig fahren dürfen." Daher habe er P. möglicherweise noch „Wos woin Se von mir?" gefragt, ehe dieser ihn wuchtig weggestoßen habe. „In der Früh bin ich um neun Uhr dann im SMZ Ost aufgewacht, ohne zu wissen, wie ich da hingekommen bin."

Die beiden Frauen und die unbeteiligten Zeugen schildern zwar alle einen lautstarken Streit und eine bedrohliche Situation, widersprechen sich aber in der Frage, ob P. den Pensionisten nun aktiv weggestoßen habe oder der auf andere Weise zu Sturz gekommen ist.

P.s Verteidiger Andreas Duensing führt im Schlussplädoyer noch aus, dass sogar ein Wegstoßen rechtlich gedeckt sei: „Mein Mandant hat Nothilfe geleistet und dazu muss er den Angriff zuverlässig vereiteln. Wenn er sich nur dazwischengestellt hätte, wäre er geschlagen worden, das kann man ja von niemandem verlangen!"

Richterin Pasching schließt sich dieser Sicht an und spricht den Angeklagten rechtskräftig frei. „Es hat für alle so ausgesehen, als ob Herr K. die Frau gleich schlagen würde", begründet sie ihr Urteil. Dass P. sich lediglich dazwischendrängen wollte, glaubt sie ihm zwar nicht, aber auch ein Stoß ist für sie zulässig, da er das gelindeste Mittel sei, um die Situation zu klären. Es habe in weiterer Folge einen unglücklichen Verlauf genommen, aber für eine strafrechtliche Verurteilung wegen schwerer Körperverletzung sei es zu wenig, meint die Richterin.

Der Steirer und die „grüne Muschi"

Einblicke in ländliches Brauchtum kann man beim von der ehemaligen Grünen-Chefin Eva Glawischnig angestrengten Prozess gegen Richard H. erhalten. Der 44-jährige Steirer muss sich wegen Beleidigung vor Richter Hartwig Handsur verantworten. Im März 2017 soll H. in der Facebook-Gruppe „Unsere blaue Seite" aktiv geworden sein. Er postete einen Kommentar unter einem Artikel der „Salzburger Nachrichten" mit dem Titel: „Grüne pochen auf eigenes Frauenministerium". H.s Reaktion auf diese Meldung: „Diese grüne Muschi, soll sie doch mal die Moslems fragen, das würde sie wohl nicht überleben."

Der unbescholtene Angeklagte gibt sich jovial: „Ehrlich, Herr Rat, ich weiß nicht mehr, ob ich das geschrieben habe. Es war eine lustige Männerrunde, wir haben das Facebook durchgeschaut und das Handy weitergegeben. Ich weiß nicht mehr, wer es geschrieben hat, und ich werde die Kollegen jetzt nicht fragen."

Handsur ist etwas konsterniert. „Als das steirische Landesamt für Verfassungsschutz bei Ihnen angerufen hat, haben Sie noch gesagt, Sie hätten es geschrieben und wollen nicht mit dem Verfassungsschutz reden." – „Ich habe geglaubt, ich werde gefoppt. Da ruft irgendwer an und sagt, er ist der Verfassungsschutz. Das hätte ja auch Radio Steiermark sein können!", entschuldigt sich der Angeklagte, der schließlich doch die Verantwortung für den Beitrag übernimmt.

„Gut", meint der Richter, „wenn Sie es also geschrieben haben, wie haben Sie es gemeint?" – „Es ist unglücklich formuliert." – „Was könnte damit gemeint sein?" – „Was Grünes kann alles Mögliche sein. Die Steiermark ..." – „Es geht mir jetzt weniger um die Farbe", unterbricht Handsur den Angeklagten. „Und sagen Sie jetzt nicht, Sie haben mit ‚Muschi‘ eine Katze gemeint."

H. konzediert schließlich, dass sich eine Frau durch die Bezeichnung „Muschi" durchaus beleidigt fühlen könnte. „Und steht es da, weil Sie die politische Idee eines Frauenministeriums für blöd halten oder weil Frau Glawischnig eine Frau ist?", bohrt der Richter nach. Klare Antwort bekommt er keine.

Auch die Anklägerin nicht, als sie wissen will, wer die Mitglieder der „lustigen Männerrunde" gewesen seien. Es entspinnt sich folgender Dialog: „Da gibt es den Walter, da gibt es den Rudolf ..." – „Nachnamen?" – „Die weiß ich nicht." – „Sie kennen die Nachnamen Ihrer Freunde nicht?" – „Herr Staatsanwalt ..." – „Ich bin eine Frau und kein Herr!" – „Entschuldigen Sie, Frau Staatsanwältin." – „Und Sie geben einfach Ihr Handy weiter, damit jeder in Ihrem Namen posten kann?" – „Bei uns am Land ist das üblich." – „Ich komme auch vom Land." – „Von woher genau?" – „Das erörtere ich jetzt nicht. Also gibt jeder sein Handy her?" – „Bei uns herrscht Vertrauen."

Nebenanklägerin und Privatbeteiligtenvertreterin Elsa Wessely ist durchaus zu einem Vergleich bereit. 604,27 Euro sind bisher an Anwaltskosten aufgelaufen, 250 Euro Schadenersatz will Glawischnig. „Mhhmm, das ist ein gewaltiger Betrag für mich", sieht sich der Alleinerziehende überfordert. Es beginnen Vergleichsgespräche, die schließlich damit enden, dass H. innerhalb von sechs Wochen 700

Euro zahlen wird. Da daraufhin die Ermächtigung zur Verfolgung und damit auch die Anklage zurückgezogen werden, wird H. von Handsur nicht rechtskräftig freigesprochen.

Der Pizzabäcker und seine Peniskrümmung

Herr S. ist 32 Jahre alt, Italiener und arbeitet seit zwei Jahren in einer Wiener Pizzeria, wo er die knusprigen Fladen herstellt. Im August 2017 soll er laut Anklage, über die ein Schöffensenat unter Vorsitz von Christoph Bauer zu verhandeln hat, versucht haben, eine Kollegin geschlechtlich zu nötigen. Er soll Frau W., 23 Jahre alt, gegen 20 Uhr zur Hauptgeschäftszeit in den Keller des Restaurants gelockt, sie dort in den Duschraum gezerrt und sein erigiertes Glied entblößt haben. Als er versuchte, ihre Hand auf seinen Penis zu ziehen, habe W. sich losreißen können, skizziert die Staatsanwältin in ihrem Anklagevortrag.

Wie so oft in Sexualprozessen steht Aussage gegen Aussage. Denn der unbescholtene Angeklagte beteuert, unschuldig zu sein. „Haben Sie eine Erklärung, warum Frau W. das erfinden sollte?", will der Vorsitzende von S. wissen. „Ich kann es mir nicht erklären. Tatsache ist, dass ich nichts gemacht habe", lässt er übersetzen.

Er kann sich allerdings detailreich erinnern, was an diesem Tag vor über einem Jahr passiert ist. Zunächst habe man in der Küche noch „Wahrheit oder Pflicht" gespielt. W. habe ihm dabei Staubzucker ins Gesicht geschüttet. Und anschließend abgeleckt. „Das ist aber nicht unbedingt ein Vorgehen unter normalen Arbeitskollegen", weist Bauer auf andere kollegiale Umgangsformen im Gericht hin.

„Es war für mich überraschend und auch beschämend", konzediert der Angeklagte. „Haben Sie das auch artikuliert?", fragt der Vorsitzende. „Ja." – „Wie?" – „Ich habe gesagt: ‚Geh weg!' Ein anderer

Koch und ein Kellner haben das gesehen." Befragt wurden die beiden Zeugen dazu im Ermittlungsverfahren noch nicht. Seltsam scheint auch, dass W.s Mutter an dem Tag als Gast im Lokal gewesen ist und W. nach dem Angriff gebeten haben soll, eine Torte in Herzform für ihre Mutter zu backen.

Eine Begegnung im Keller habe es mit Frau W. durchaus gegeben. Er habe Teig geholt. Da der Speisenaufzug in die Küche wieder einmal nicht richtig funktionierte, habe er nach oben um Unterstützung gerufen. Plötzlich sei Frau W. da gewesen, er habe sie gefragt, ob sie mit ihm und Kollegen nach der Arbeit etwas trinken gehen wolle.

„Vorher haben Sie gesagt, das Abschlecken sei beschämend gewesen, und jetzt sagen Sie, Sie haben Frau W. kurz darauf eingeladen?", ist die Anklägerin skeptisch. Gemeinsame After-Work-Drinks der Kollegenschaft seien üblich gewesen, hört sie als Antwort.

Bauer wird dagegen bei einem anderen Umstand misstrauisch. Er will von S. wissen, ob er von Vorgesetzten auf die Anschuldigung W.s angesprochen worden sei. Der Angeklagte bejaht, sagt aber, es sei mehrere Wochen später gewesen. Er sei von der Polizei über die Anzeige informiert worden und habe seinen Chef gebeten, ihm das amtliche Schreiben zu übersetzen.

Die Geschäftsführerin und Gattin des Chefs sagt allerdings, ihr Mann habe S. am 30. oder 31. August mit W.s Vorwürfen konfrontiert. Sie selbst habe am 30. davon erfahren. W. sei an diesem Tag, vier Tage nach der angeklagten Attacke, zum Restaurantleiter gegangen, der habe die Frau zu ihr geschickt, erinnert sich die Zeugin.

„Es war der erste Tag, an dem ich W. wiedergesehen habe", erzählt die Geschäftsführerin. „Ich habe ihr dann gesagt, dass mein Mann sofort ein ernstes Wort mit S. sprechen wird und dass das aufzuklären ist." W. habe auch angekündigt, dass sie kündigen wolle. „Wir haben vereinbart, dass sie noch bis Ende der Woche bleibt und wir die Dienste tauschen, damit sie nicht mit S. arbeiten muss." Frau W. wollte aber keine Dienstplanänderung und sprach sich auch gegen das Mitarbeitergespräch und einen Gang zur Polizei aus. Am nächsten Tag arbeitete sie noch und erschien nie wieder in dem Lokal.

Zur Polizei ging W. erst im Jänner 2018. Und gab dort Dinge zu Protokoll, die die Geschäftsführerin nicht recht nachvollziehen kann. Etwa dass die Pizzabäcker ständig mit den jungen Kellnerinnen geflirtet hätten. Oder nach dem Vorfall neun oder zehn andere Mitarbeiterinnen deshalb gekündigt hätten. „Nein, es war ein Wechsel wie immer. Es hat auch niemand so was als Begründung angegeben", sagt die Geschäftsführerin dazu.

Noch verblüffter ist die Zeugin, als weiter aus dem Protokoll zitiert wird: Demnach habe sie W. „abgeschasselt", vor der Kündigung in Zwangsurlaub geschickt und ihr mit einer Anzeige wegen Rufschädigung gedroht, falls sie von dem angeblichen Angriff erzählen sollte. Der Inhaber habe die Sache mit einem „Tabu" belegt und jedem Mitarbeiter und jeder Mitarbeiterin mit einer Verwarnung gedroht, sollte über den Fall gesprochen werden. Dieser Darstellung widersprechen nicht nur die Zeugin, sondern auch der Restaurantleiter und eine weitere ehemalige Kellnerin.

Frau W. wird unter Ausschluss der Öffentlichkeit über eine Stunde lang befragt. Am Ende vertagt der Vorsitzende auf unbestimmte Zeit, da das Ermittlungsverfahren aus seiner Sicht unzureichend gewesen ist. Er will weitere Zeugen hören und auch ein Sachverständigengutachten einholen. Da dieses beantragt wurde, während die Öffentlichkeit ausgeschlossen war, darf er nicht verraten, worum es in der Expertise gehen soll.

Die hehre Absicht des Schutzes des höchstpersönlichen Lebensbereiches von S. erweist sich am zweiten Prozesstag als vergebliche Liebesmüh. Denn sowohl Staatsanwaltschaft, die Anwältin von W. und die Verteidigung gehen auf das mysteriöse Gutachten ein. Dessen Inhalt: die von einem Sachverständigen erhobene Krümmung des Geschlechtsteils des Angeklagten.

Die Bedeutung dieser Expertise wird mit dem Auftritt der ersten Zeugin am zweiten Verhandlungtag klar. Die war zur fraglichen Zeit ebenfalls Kellnerin in dem Lokal. Und hatte ein sexuelles Verhältnis mit dem Angeklagten. „W. hat mich am Tag nach dem Vorfall angerufen und erzählt, dass S. sie belästigt hat", erinnert sich die Zeugin. W. habe auch die ungewöhnliche Form des Geschlechtsteils von S. beschrieben, daher habe sie ihr geglaubt.

Am ersten Verhandlungtag hatte S. noch behauptet, dass an seiner Erektion nichts Ungewöhnliches sei. „Weil es für mich normal ist", sagt er nun dazu. Zusätzlich vermutet er, dass sich W. bereits vor dem inkriminierten Vorfall mit der Zeugin über seinen Penis ausgetauscht habe. „Unter Frauen spricht man sicher darüber, wie ein Mann gebaut ist", mutmaßt er.

Doch auch der nächste Zeuge stützt W.s Version. Der Ex-Freund der jungen Frau erinnert sich, dass W. ihn am fraglichen Tag unbedingt sehen wollte. Als er sie von der U-Bahn abholte, habe sie zu weinen begonnen und erzählt, dass sie in der Arbeit belästigt worden sei. „Ich dachte zuerst, jemand ist gestorben, ganz ehrlich", fasst er W.s Gemütslage zusammen. Versuche, sie zu einer Anzeige zu überreden, seien aber damals gescheitert.

Eine weitere Mitarbeiterin behauptet, einmal selbst unliebsame Erfahrungen mit S. gemacht zu haben. „Wir waren im Abenddienst, ich ging im Keller auf das WC. Als ich herauskam, stand er da und versuchte mich zu küssen. Ich habe ‚Stopp!' gesagt, und er hat aufgehört."

Privatbeteiligtenvertreterin Elisabeth Bischofreiter will für W. 2.500 Euro für erlittene seelische Schmerzen. Und verweist wie die Staatsanwältin auf das Gutachten, das belege, dass ihre Mandantin den Angeklagten unbekleidet gesehen haben müsse.

Der Senat verurteilt den unbescholtenen S. schließlich nicht rechtskräftig zu zehn Monaten bedingt. „Wir haben es uns nicht leicht gemacht", begründet der Vorsitzende. „Auch wenn Frau W. dazu neigt, sehr impulsiv zu formulieren – es entstand nicht der Eindruck, dass sie gelogen hat." W. bekommt 500 Euro zugesprochen.

Der Cam-Sex der falschen 14-Jährigen

Tobias S. ist „Isabella" und 14 Jahre alt. Besser, er war es – und das nur im Internet. Genauer, in diversen Erotikforen, in denen er zahlungswilligen Männern versprach, dass sie sein weibliches Alter Ego vor einer Webcam nackt sehen könnten. „Eine absolut blöde Idee", wie er nun in seinem Betrugsprozess zu Claudia Bandion-Ortner sagt, die dem Schöffensenat vorsitzt.

Im Jahr 2010 war der Deutsche nach Wien gekommen, um zu studieren. Wirklich schlecht ging es ihm finanziell nicht, die Idee für einen illegalen Zusatzverdienst entwickelte sich dennoch. „Wie kommt man darauf?", fragt ihn Bandion-Ortner. „Ich habe im Fernsehen eine Reportage gesehen, wie leicht Männer glauben, dass sie mit einer Minderjährigen chatten." Das wollte er ausprobieren, legte sich seine falsche Identität zu. Und hatte Erfolg: „Sobald ich geschrieben habe, dass ich Cam-Sex-Dienste anbiete, haben mich sofort 500 Leute geaddet", erinnert sich der Geständige. Später erhöhte er sein „Alter" auf 18.

Insgesamt 1.350 Euro zum Beispiel überwies ihm ein „Herr Peter". Der ist eines jener 18 in der Anklage genannten Opfer, die gezahlt haben, bei weiteren drei blieb es beim Versuch. In der Realität muss es viel mehr Interessenten gegeben haben, sagt auch der ermittelnde Polizist als Zeuge aus. „Die Opfersuche war schwierig." Es gebe zwar bändeweise Ausdrucke von Mailkonversationen und offensichtlich auch mehr Überweisungen. Die konnten teils aber nicht zugeordnet werden.

Andere schon – doch die Betroffenen, darunter zwei Priester, wollten keine Anzeige erstatten. „Einer der Männer hat gesagt, er sei verheiratet und wolle keine Schwierigkeiten, er habe keinen Schaden erlitten", meint der Beamte achselzuckend.

Ob es das ganz große Geschäft war, kann man S. daher nicht nachweisen. 4.400 Euro soll er zwischen 2011 und 2013 so ergaunert haben. Er sagt, er habe den ihm bekannten Opfern 50 Prozent als Wiedergutmachung angeboten. Ein im Saal anwesendes Opfer widerspricht. Es habe ein Mail gegeben, danach nichts mehr. Obwohl er nicht muss, erzählt der Mann, wie es zum Kontakt mit der „18-Jährigen" kam: schmutzige Scheidung, Burnout, Skype-Konversation mit der Internetbekanntschaft. „Da war das Gefühl, dass hier mehr dahintersteckt." Steckte doch nicht – zum vereinbarten Treffen kam niemand.

Der Senat berät nur kurz und verurteilt S. rechtskräftig zu zwei Jahren bedingt. Mittlerweile studiert der Angeklagte übrigens Jus, daher hat die Vorsitzende noch einen Rat: „Ich hoffe, Sie haben etwas gelernt. Nicht nur für Ihr Studium, sondern auch für Ihr Leben. Machen Sie so einen Blödsinn nie wieder."

Die wütende Mutter als Brandstifterin

„Ein Mutterherz kann viel verzeihen", trällerte Rudolf Schock einst. Er kannte offensichtlich Vesna J. nicht, die sich in Korneuburg vor einem Schöffensenat unter Vorsitz von Monika Zbiral verantworten muss. Die 59-jährige J. griff in einem jahrelangen Familienstreit nämlich zu kriminellen Mitteln: Sie zündete das Haus ihres Sohnes an, wie sie zugibt.

„Bekennen Sie sich schuldig?", will die Vorsitzende von der Unbescholtenen zunächst wissen. „Ja. Aber fragen Sie mich, wie es dazu gekommen ist!", lässt die resolute Österreicherin übersetzen. „Das mach ich gleich, aber erst belehre ich Sie über Ihre Rechte", versucht Zbiral zu bremsen.

Das gelingt ihr im Verfahrensverlauf nur bedingt, immer wieder echauffiert sich J. lautstark über die angeblichen Ungerechtigkeiten, unter denen sie zu leiden habe. Vor fünf Jahren sei ihr Mann verstorben, das Haus und dazugehörende Grundstück im Bezirk Korneuburg überschrieb sie daraufhin auf ihren Sohn. Mit diesem und der Schwiegertochter habe es aber ständig Streit gegeben.

Besonders wütend machte J. offenbar, dass der Sohn ein zweites, größeres Haus auf dem Grundstück baute, dieses aber vermietete. „Wir mussten weiter im kleinen Haus wohnen!", empört sich die Angeklagte auch vor Gericht. Dazu habe ihr der Sprössling samt Gattin vorgeworfen, dass sie nicht arbeiten würde.

„Was soll das jetzt für einen Zusammenhang mit der Brandstiftung haben?", will die Vorsitzende wissen. „Ich war damals nervös. Und befand mich in einer tiefen Depression!", behauptet J., der ein psychiatrischer Sachverständiger Zurechnungsfähigkeit beschieden hat. „Zur Krankheit Depression gehören traurige Gedanken und Antriebslosigkeit. Aber nicht Aggressivität", belehrt Zbiral die Angeklagte.

Irgendwann zog die Familie dann doch in das große Haus, zufrieden war J. damit aber auch nicht. „Ich durfte dort nicht kochen und rauchen", beschwert sie sich. Das kleine Haus wurde mit einer Alarmanlage versehen, die aber offensichtlich Fehlalarme produzierte, was ebenso zu Streitereien mit dem Sohn führte. „Ich wollte mir einen Kaffee kochen. Mein Sohn hat gesagt: ‚Warum trinkst du ständig Kaffee? Es ist besser, du lutschst meinen Schwanz'", übersetzt der Dolmetscher.

Der Sohn habe sie auch aufgefordert, sich umzubringen, behauptet die Angeklagte. „Die Frage, die ich an Sie habe, ist, warum Sie Feuer gelegt haben", versucht die Vorsitzende wieder zum Kern des Problems zu kommen. „Hätte ich mich aufhängen sollen?", empört J. sich mit einer Gegenfrage.

Am 1. Oktober ging sie jedenfalls gegen vier Uhr in das kleine Haus, tränkte an drei Stellen Polster und Matratzen mit Speiseöl und deponierte brennende Küchenrollen. Anschließend packte sie Koffer und Tasche und stellte sich bei der Polizei, während die Feuerwehr noch mit den Löscharbeiten beschäftigt war.

Sie wurde allerdings nicht festgenommen, sondern zunächst wegen Fremdgefährdung in ein Spital gebracht. Die Ärzte konnten dort keine Geisteskrankheit feststellen, am 3. Oktober folgte daher die Untersuchungshaft. Die Zeit im Krankenhaus nutzte

J. allerdings dazu, ihren Enkel anzurufen und zu drohen, sie werde sich und die gesamte Familie anzünden, weshalb nicht nur Brandstiftung, sondern auch gefährliche Drohung angeklagt ist.

Auch zu diesem Faktum ist die Angeklagte geständig, der Staatsanwalt regt daher an, auf die Einvernahme von Sohn und Enkel zu verzichten, um den Familienstreit nicht weiter anzuheizen. Der Konflikt scheint aber bereinigt zu sein. Der Sohn verzichtet auf Schadenersatz und stellt klar: „Ich möchte keine Anklage, sie ist ja meine Mutter!"

Da die Herbeiführung einer Feuersbrunst, wie Brandstiftung juristisch definiert ist, ein Offizialdelikt ist, kann dem Sohn dieser Wunsch nicht erfüllt werden. Stattdessen wird J. zu drei Jahren unbedingter Haft verurteilt.

Während sich die Angeklagte mit ihrem Verteidiger im Nebenraum berät, ergreift ihr Sohn im Verhandlungssaal noch einmal das Wort. „Drei Jahre sind schon viel. Kann man nicht eine längere Strafe, aber auf Bewährung, geben? Es ist ja eigentlich ein Familienstreit", bittet er die Vorsitzende, die ihm mit Engelsgeduld den Instanzenzug der heimischen Strafjustiz erklärt. „Aber meine Mutter ist eine alte Frau, die überlebt drei Jahre nicht", ist der Sohn überzeugt. „Ich bin auch 59", merkt Zbiral daraufhin an.

Der Staatsanwalt ist mit der Strafe einverstanden, J. kündigt schließlich Berufung gegen die Strafhöhe an. Mit Tränen und Küssen verabschiedet sie sich von ihren Angehörigen, ehe sie zurück in die Haftanstalt gebracht wird.

Nachbarschaftsstreit im hellhörigen Altbau

Zur Ehrenrettung von Transdanubien muss gesagt werden, dass es auch in sogenannten nobleren Bezirken und besseren Kreisen der Bundeshauptstadt mitunter zu Auseinandersetzungen kommt, die vor Gericht enden. Wie Boris S., ein 38-jähriger Selbstständiger, der sich vor Richter Thomas Kreuter wegen gefährlicher Drohung und Sachbeschädigung verantworten muss. Er soll am 9. Februar dem über ihm wohnenden Nachbarn einen schmerzhaften Kontakt mit einem Messer in Aussicht gestellt und dessen Wohnungstür beschädigt haben.

Vor sechs Jahren sei er in die Eigentumswohnung in Wien-Währing gezogen, sagt der Angeklagte, nie habe es Probleme gegeben. Bis im vergangenen Herbst Marco W. die 90-Quadratmeter-Wohnung im Stockwerk über ihm besiedelt hat. Plötzlich habe regelmäßig die Polizei geläutet und ihm zumindest einige Strafmandate wegen Lärmerregung ausgestellt. Der Anzeiger: Herr W., wie der Angeklagte erfuhr.

„Herr W. ist ein extrem hochsensibler Typ, der möglicherweise pathologisch ist", beschreibt der unbescholtene S. seinen Nachbarn. „Er nimmt mich als Zielscheibe." Oder seine Besucher, denn am 8. Februar habe ein Gast bei ihm zur Mittagszeit geduscht und Musik gehört, und auch da sei die Exekutive vor der Tür gestanden. „Ein Gast kann sich nicht einmal duschen, aber wenn im Winter die Straßenbahn vor dem Fenster über den Rollsplitt fährt, stört ihn das nicht!", empört sich der Angeklagte.

In der darauffolgenden Nacht kam S. gegen 0.30 Uhr mit einem Freund nach Hause. „Mich hat das dann so aufgeregt mit dem Polizeieinsatz am Nachmittag, dass wir nach oben gegangen sind. Ich wollte ihn zynisch fragen ,Lieber Marco, bin ich dir eh leise genug nach Hause gekommen?'"

Man habe an der Fensterscheibe zum Gang und an der Eingangstüre geklopft und mit dem Fuß ein oder zwei Mal dagegengetreten, erinnert S. sich. Eine halbe Stunde später sei er alleine nochmals nach oben gegangen. „Ich wollte das freundschaftliche Gespräch suchen und habe mir gedacht, vielleicht hatte er vorher Angst, da wir zu zweit gewesen sind." Es sei aber weder eine Drohung gefallen, noch sei die Tür beschädigt worden, wie W. behauptet.

Richter Kreuter interessiert sich für die Tonanlage in der Wohnung des Angeklagten. „Dem Akt habe ich entnommen, dass Sie Lautsprecher in der Decke haben? Stimmt das?", will er wissen. Tut es, worauf der Richter dem Angeklagten den wohlmeinenden Rat gibt, sich Kopfhörer zuzulegen. „Habe ich auch schon überlegt. Ich habe auch der Polizei schon angekündigt, dass ich die Lautsprecher abisolieren will", meint S. dazu.

Um gleich darauf zu kontern: Er habe zwar Lautsprecher in der Decke, dafür würde W. absichtlich durch die Wohnung trampeln. Entgegen des Ratschlags von Freunden und Juristen würde er den Nachbarn aber deshalb nicht anzeigen. „So tief würde ich nicht sinken!", kommentiert er, dass W. neben dem straf- auch ein zivilrechtliches Verfahren angestrengt hat.

Der durchaus eloquente und gegelte Angeklagte nimmt auf der Beschuldigtenbank Platz, Zeuge W. betritt den Saal. Wer möglicherweise damit gerechnet hat, dass es sich bei ihm um einen grantigen Pensionisten mit viel Tagesfreizeit und wenig sozialen Kontakten handelt, wird überrascht: S. ist ein smarter 29 Jahre alter Verkäufer, der ruhig und überlegt auftritt.

Er schildert, dass er in der fraglichen Nacht aufgewacht sei, da gegen seine Tür gehämmert und getreten wurde. „Ich bin aufgestanden und habe mich etwa 30 Sekunden sammeln müssen. Das Pumpern und Hämmern habe ich im Vorraum weiter wahrgenommen, dann habe ich Herrn S. rufen hören: ‚Komm raus, ich stech dich ab!'"

Er habe sich daher in sein Schlafzimmer zurückgezogen und den Notruf getätigt. „Die Polizei ist aber erst nach 50 Minuten gekommen", rügt der Zeuge. „Es hat da ein Missverständnis gegeben, offenbar hat die Polizei das unter Lärmbelästigung abgespeichert, da es schon mehrere Vorfälle gab." Der Altbau sei recht hellhörig, stimmen Angeklagter und Zeuge zumindest in einem Punkt überein.

Im Laufe der Befragung stellen sich aber mehrere interessante Dinge heraus. So scheint W. bereits bald nach seinem Einzug begonnen zu haben, ein Protokoll über Lärmbelästigungen durch S. zu erstellen. Persönlich angesprochen hat er den Nachbarn darauf aber erst später, und das nur telefonisch. Dennoch ist er sich sicher, in der Tatnacht die Stimme seines Widersachers vor der Tür erkannt zu haben.

Für die Beschädigungen an der Tür, primär abgesplitterter Lack, will er 2855,40 Euro, zusätzlich 200 Euro für die psychische Beeinträchtigung. „Ich bin danach immer wieder aus dem Schlaf geschreckt und hatte einen Leistungsabfall in der Firma", begründet er.

Dass in der ursprünglichen Anzeige die Polizei protokolliert hat, ihm sei mit: „Mach die Türe auf, sonst steche ich dich ab!" gedroht worden, führt W. auf einen Irrtum der Beamten zurück.

Ein weiteres Malheur sei, dass der Zeuge von dem angeblichen Vorfall keine Videoaufzeichnung hat, beziehungsweise nur Teile davon. Denn nur wenige Tage zuvor hatte W. in 2,70 Meter Höhe eine Kamera mit Nachtsichtfunktion installiert, die den Gang filmt, sobald sich dort etwas bewegt.

„Das wird in einer Cloud gespeichert. Als ich es mir angeschaut habe, war auch noch Ton dabei. Als ich es heruntergeladen habe, fehlte der Ton leider", sagt er. Da darüber hinaus sich die Aufnahmen angeblich nach einer Woche selbstständig löschen, habe er der Polizei nur einige stumme Sekunden abliefern können, wo S. vor der Wohnungstür zu sehen ist.

Überraschenderweise sagt W. auch, dass, als er das Video noch mit Ton sehen konnte, eine zweite Person mit dem Angeklagten im Gang gestanden sei. Dennoch ist er fix davon überzeugt, dass die Drohung vom Angeklagten stammen müsse, dessen Stimme er primär vom Telefon kenne. Und vom Gang, wenn er im Stockwerk darüber bei offener Tür lauschte, wie die von ihm ausgelösten Amtshandlungen wegen Lärmbelästigungen so liefen.

Auch S. bietet ein Video an: Das habe sein damaliger Begleiter aufgenommen, als sie zu zweit vor die Wohnungstür des Zeugen gingen. Er habe davon gar nichts gewusst, es sei aber deutlich zu hören, dass das Duo nur flüstere. S. klappt sein Apple-Notebook auf und fragt Kreuter, ob er den Film vorspielen soll, der

Richter winkt allerdings ab. Da S. ja in dieser Nacht zugegebenermaßen zwei Mal vor W.s Tür gestanden ist, seien Aufnahmen von einem Vorfall irrelevant.

Staatsanwalt Filip Trebuch fasst die Sache in seinen Schlussworten konzis zusammen: „Es ist immer wieder erschreckend, wie weit solche Nachbarschaftsstreitigkeiten führen können." Die Beurteilung überlässt er alleine der Beweiswürdigung des Gerichts, das S. rechtskräftig freispricht.

Es stehe Aussage gegen Aussage, begründet Kreuter. Er finde es allerdings bemerkenswert, was man alles an technischem Gerät aufstellt, um dann erst recht nichts zu haben, spielt er auf W.s Kamera an. „In Summe ist das zu wenig", schließt er die Verhandlung.

Aus dem Leben eines Blutchronikers, Teil 1

Am Ende eines jeden Kapitels möchte ich gerne ein paar Fragen beantworten, die mir immer wieder von interessierten Leserinnen und Lesern gestellt werden. Ganz oben auf dieser Liste: Wie kommt man als Gerichtsreporter eigentlich zu guten Geschichten?

Da gibt es verschiedene Möglichkeiten, wie in der branchenintern „Blutchronik" genannten Kriminal- und Justizberichterstattung generell. Man kann von Verteidigerinnen, Richtern, Staatsanwältinnen, ja selbst Angeklagten darauf hingewiesen werden. Ich für meinen Teil verlasse mich auch gerne auf den Zufall und Intuition. Es gibt auch die sogenannten „Saalzettel", auf denen die angeklagten Delikte und die Namen der beteiligten Personen ersichtlich sind. Mitunter kann man sich da schon ausmalen, ob es um einen Familienstreit oder eine Auseinandersetzung in der Öffentlichkeit geht. Akademische Titel oder manche Vornamen können auch darauf hindeuten, dass es interessant werden könnte. Und manche Prozesse klingen banal, wenn man nur den angeklagten Paragrafen betrachtet, entpuppen sich dann aber als wahre Perlen, wenn man die Protagonisten sieht. Da ist es natürlich von Vorteil, wenn man seine Arbeitszeit nicht vor einem Computermonitor im Büro verbringt, sondern durch die Gänge der Gerichtsgebäude streifen kann. Wenn man das ein paar Jahre macht, ergeben sich dann auch die informellen Kontakte, über die man an interessante Informationen kommt.

Wenig bekannt ist, dass sich auch Einhörner im „Grauen Haus" entdecken lassen.

Kapitel 2:
Die Richter und das liebe Vieh

Unsere vierbeinigen, bepelzten, gefiederten oder beschuppten Freunde sind für viele Menschen ein wichtiger Bestandteil ihres Lebens. Nicht immer werden die Haus- oder Wildtiere aber korrekt behandelt – entweder, weil sie selbst oder ihre Besitzer das Ziel einer Aggression sind. Auf den folgenden Seiten geht es um gewaltsam aus dem Leben geschiedene Meerschweinchen und Hunde als Kollateralschaden von Nachbarschaftsstreitigkeiten. Aber auch um das Gefahrenpotenzial durch falsch erzogene oder schlecht abgerichtete Tiere, die Menschen töten können.

Das tote Meerschweinchen in der Problembeziehung

Nach der Verlesung der Anklageschrift im Verfahren gegen Wolfgang St. muss Richterin Claudia Bandion-Ortner zunächst den Staatsanwalt korrigieren. Der wirft dem 44-Jährigen vor, am 12. Juni seine damalige Lebensgefährtin mit einem Stock verprügelt und tags darauf ihren Hamster getötet zu haben. „In der Anzeige ist allerdings von einem Meerschweinchen die Rede", wirft Bandion-Ortner ein. „Ja, es war ein Meerschweinchen", klärt der Angeklagte auf.

St. hat sechs einschlägige Vorstrafen, zuletzt wurde er 2015 wegen Körperverletzung und Widerstands gegen die Staatsgewalt zu 20 Monaten unbedingt verurteilt. „Was machen Sie jetzt?", will die Richterin von ihm wissen. „AMS. I mecht wieda auf an Bagger aufi", skizziert er seinen Plan.

Dass er Silvia S. damals verprügelt habe, bestreitet er entschieden. Aber: „Des mit dem Meerschweinchen stimmt", gesteht St. die angeklagte Tierquälerei ein. „Warum machen Sie denn sowas? Haben Sie Probleme, sind Sie cholerisch veranlagt?", fragt Bandion-Ortner. „A schlechte Kindheit." – „Die kann aber auch nicht für alles zählen. Wie lange waren Sie mit Frau S. zusammen?" – „Fünf Jahre und acht Monate." – „Wie war die Beziehung? Haben Sie oft gestritten?" – „Ja." – „Kam es da auch zu Gewalt?" – „Nein." – „Ich seh da nämlich, dass es mehrere Verfahren gab, die mit Freisprüchen endeten, da Frau S. die Aussage verweigert hat. Woher hatte sie denn die blauen Flecken am 12. Juni?" – „Das war nicht ich, sie hat Epilepsie", lautet die Antwort.

„Wieso töten Sie das Meerschweinchen Ihrer Lebensgefährtin?" – „Es waren meine. Ich habe sie ihr gekauft", merkt der bullige Angeklagte bockig an. „Wie haben die geheißen?", interessiert die Richterin. „Fragen Sie mich nicht. Sie hat ihnen irgendwelche Namen gegeben."

St. geriert sich allerdings als Tierfreund. „I hob s' ausagnumma und bled am Gnack dawischt", schildert er die Vorgänge am 12. Juni. S. sei zum Tierarzt gefahren, der sagte, wenn sich der Zustand nicht bessere, müsse das Tier eingeschläfert werden. „Wir hatten ka Göd dafia. Es hot am nächsten Tog nix mehr gfressn und gsoffn." Also habe er zur Selbsthilfe gegriffen, das Tier in ein Hundekotsackerl gesteckt und mehrmals gegen die Tischkante geschlagen.

Silvia S. erzählt als Zeugin eine andere Geschichte – auch bezüglich der Qualität der Partnerschaft. „Wie er arbeiten war, war er ganz normal. Aber dann hat er nur mehr Schnaps getrunken und ist aggressiv geworden. Wie er dann fremdgegangen ist, habe ich ihn am 16. Juni aus der Wohnung geworfen."

Die 46-Jährige lüftet auch das Namensgeheimnis: Alessandro habe sie das Meerschweinchen genannt, das St. zwei Monate zuvor gekauft hat. „Er hat gesagt, er kann ihn nicht ausstehen, weil er zu strubbelig ist", erinnert sie sich. Am 12. Juni habe sie gesehen, wie der Angeklagte das Tier mit einem Stock geschlagen habe.

„Ich wollte ihm den wegnehmen, er hat mich am Arm gepackt und weggestoßen, daher stammen die blauen Flecken." – „Moment, er hat das Meerschweinchen und nicht Sie mit dem Stock geschlagen? Das haben Sie bei der Polizei noch umgekehrt gesagt", ist Bandion-Ortner verwirrt. Die Zeugin bleibt bei ihrer Darstellung. Sie sei zum Tierarzt gefahren, ihrer Meinung nach sei Alessandro durchaus noch lebensfähig gewesen, als St. ihn tags darauf gegen die Tischkante schlug.

Aufgrund der widersprüchlichen Angaben spricht die Richterin St. vom Vorwurf der Körperverletzung frei, für die Tierquälerei muss er eine Strafe von 100 Tagessätzen à vier Euro zahlen oder 50 Tage in Haft. „Sie ins Gefängnis zu schicken wegen eines Meerschweinchens ist auch ein bisschen schwierig", gibt Bandion-Ortner zu, die überzeugt ist, die Geldstrafe sei genug, dem Angeklagten zu verdeutlichen, dass man ein Meerschweinchen nicht so einfach töten darf.

Ein berühmter Gallier und Nothilfe für einen Hund

Dass sie einen Passanten am Morgen des 18. März in Wien-Wieden gekratzt hat, gibt Nadine N. vor Richter Thomas Kreuter zerknirscht zu. Dass sie davor aber ihren Hund gequält haben soll, bestreitet die 29-Jährige mit Vehemenz: „Das ist mein Hund, ich lebe nur für sie! Ich habe sie seit eineinhalb Jahren, sie ist schwer krank, ich würde ihr nie etwas tun", beteuert die Unbescholtene.

Genau genommen war es ein Kater, der sie auf die Anklagebank gebracht hat. Am Abend zuvor war sie mit einer 20 Jahre alten Studentin fort, der Abbau des konsumierten Ethanols war beim morgendlichen Gassigehen noch nicht abgeschlossen. „Ich war betrunken", gibt N. zu, „und aufgebracht", da der Hund an der Leine nicht ganz folgte. „Ich habe ihn angeschrien, aber sicher nicht mit der Leine geschlagen, wie die Dame behauptet."

„Die Dame" ist die 24-jährige Frau K., die als Zeugin berichtet, sie sei an diesem Morgen gerade aus dem Haustor gekommen, um zur Arbeit zu gehen. „Ich habe sofort Schreierei gehört und habe gesehen, wie der Hund auf einen anderen zugelaufen ist." – „War er angeleint?", will der Richter wissen. „Nein." Zunächst sei sie weitergegangen; als sie meinte, die Misshandlung des Tieres zu sehen, habe sie mittels Mobiltelefon die Polizei alarmiert und sei zurückgegangen, um auf die Beamten zu warten. „Haben Sie Frau N. gefilmt?", fragt Kreuter. „Nein, ich habe nur telefoniert."

Die Angeklagte hatte einen anderen Eindruck, stellte die Zeugin rüde zur Rede und soll sie laut Frau

K. auch geschlagen haben, was andere Zeugen aber nicht beobachtet haben. Einer von diesen ist ein Arzt, der auch gerade sein Tagwerk beginnen wollte. Er und ein weiterer Passant bestätigen, dass N.s Hund angeleint war, die Schreierei bekam der Mediziner mit. „Ich dachte mir erst, das ist eine Wiener Streiterei, heiteres Bezirksgericht, höchstens", fasst er seinen Eindruck zusammen.

Allerdings sei die Situation immer bedrohlicher geworden, weshalb er N. auf dem Boden fixierte. Dabei erwischte ihn die Tobende am Hals. Er habe „eine Kratzwunde oberhalb des Sternums" erlitten, gab er bei der Polizei zu Protokoll. Asterix-Kenner wissen spätestens seit dem Besuch des Galliers bei den Briten, was gemeint ist: das Brustbein nämlich. „Es tut mir leid, normalerweise bin ich nicht so", entschuldigt sich die Angeklagte bei ihm wie zuvor bei Frau K.

Vom Vorwurf der Tierquälerei und der versuchten Körperverletzung von Frau K. spricht Kreuter die Angeklagte schließlich frei. Übrig bleiben die Kratzer am Hals des Doktors. Auch dafür erhält die 29-Jährige keine Vorstrafe – der Richter entscheidet sich für eine Diversion, die Frau muss 80 Stunden gemeinnützige Leistungen erbringen.

Vendetta rund ums Wuff-Forum

Der von Roman Schröck angestrebte Prozess wegen übler Nachrede gegen Georg S. lehrt Richterin Nicole Baczak vor allem eines: Der Umgang in der Szene der Hundetrainer in Österreich ist ein rauer. Vor allem, seit Schröck im Jahr 2014 den US-Amerikaner Cesar Millan, der im Fernsehen als „Hundeflüsterer" auftritt, für Vorträge nach Österreich geholt hat. Die Methoden Millans sind umstritten und werden von Gegnern als Tierquälerei bezeichnet – so auch vom Angeklagten.

Im vergangenen September trafen der 52-jährige Schröck und der 58 Jahre alte S. in einer Fernsehdiskussion über „Kampfhunde" aufeinander. Schröck wurde als „Dog-Coach" vorgestellt, S. als Vertreter eines Rottweiler-Klubs. Im Zuge der Sendung warf S. dem von Andreas Schweitzer vertretenen Privatankläger vor, er habe seinen Gewerbeschein als Hundetrainer wegen einer Verurteilung als Tierquäler verloren – was dieser nicht auf sich sitzen lassen wollte.

Richterin Baczak darf also tief in die Welt der Kynologen eintauchen. Und erfährt, dass es „Verbandstrainer" und „freie Hundetrainer" gibt, „Problemhundtherapeuten" und „Dogaudit-Prüfer". Der Angeklagte erinnert sich, dass es ab 2014 Probleme gab – in Internetdiskussionsrunden wie dem Wuff-Forum wurde über Millan, Schröck und deren Methoden debattiert; nach einem seiner Beiträge schickte der Kläger ihm ein selbstverfasstes Buch, in dem S. nicht gut wegkam.

Der unbescholtene S. beteuert, die Angriffe ignoriert zu haben. Als einer seiner Kollegen, der als

„Hundeschweiger" bekannt ist, in einer anderen TV-Sendung auftrat, habe er Mails vom Kläger erhalten, die als – nun ja – unverblümt zu bezeichnen sind. „Er hat mir, verzeihen Sie, geschrieben, er brunzt ma am Tisch, und wir können es dann aufschlecken", schildert er. „Ist das irgendein Code in der Hundetrainersprache?", erkundigt sich die Richterin. „Nein, es ist so gemeint", erläutert der Angeklagte.

In der inkriminierten TV-Sendung attackierte Schröck die Verbandstrainer und S. persönlich, worauf der Angeklagte mit der Bemerkung über den Verlust des Gewerbescheins konterte. Er habe das von einer Sachverständigen gehört, rechtfertigt er sich, dazu habe er einen Auszug eines Gerichtsurteils. Nur: Rechtlich ist das unrichtig – der Gewerbeschein ging verloren, da Schröck eine Vorstrafe von vier Monaten bedingt wegen Stalking und gefährlicher Drohung gegen einen Nationalratsabgeordneten ausgefasst hat.

In der schriftlichen Begründung dieses Urteils nahm das Gericht allerdings sehr wohl Bezug darauf, dass Schröck auch tierschutzrechtlich aufgefallen ist. Das Landesverwaltungsgericht Niederösterreich hat ihn im Jahr 2017 diesbezüglich zu 1200 Euro Verwaltungsstrafe verurteilt. „Für mich als rechtlichen Laien war das eine klare Geschichte", rechtfertigt sich der Angeklagte.

Beim Versuch, die umstrittene TV-Diskussion auf dem PC der Schriftführerin abzuspielen, treten die obligaten IT-Probleme des Straflandesgericht wieder zutage: Es gibt keinen Ton. Die Schriftführerin organisiert zwar zwei Lautsprecher, auch deren Stärke reicht aber nicht aus, um den Streit richtig zu hören.

Abhilfe schafft schließlich Privatanklagevertreter Schweitzer, der sein Tablet zur Verfügung stellt.

Kläger Schröck beharrt bei seiner Zeugenaussage darauf, dass ihm durch den Vorwurf von S. Schaden zugefügt worden sei. Interessanterweise gibt er allerdings auch zu, die betreffende Passage der Sendung selbst auf seinem eigenen Youtube-Kanal veröffentlicht zu haben. Für seinen Rechtsvertreter Schweitzer ist allerdings klar, dass sich die Verbandstrainer gegen seinen Mandanten verschworen hätten: „Das ist eine persönliche Vendetta", stellt er fest.

Den Versuch der Verteidigerin, auch noch in die Untiefen des Gewerberechts abzutauchen, beendet die Richterin, da diese Aspekte strafrechtlich nicht sonderlich relevant sind. Am Ende spricht Baczak S. frei. Sie stimmt zwar zu, dass die Gewerbeberechtigung nicht wegen der Tierquälerei entzogen wurde. Aber: Bei einem Ehrdelikt gehe es darum, dass die Aussage im Kern wahr sein müsse, und tatsächlich habe es das Urteil des Landesverwaltungsgerichts ja gegeben. „Ihnen ist der Wahrheitsbeweis gelungen", begründet die Richterin ihre Entscheidung. Schröck nimmt sich Bedenkzeit.

Der Künstler und der fliegende Hund

„Friedensengel" nannte Magister W., akademischer Maler und Bildhauer, sein Werk in Wien. Für das er aus Sicht der Staatsanwaltschaft ein Denkmal und einen Brunnen beschädigte. Dem 49-jährigen Unbescholtenen werden aber noch zwei weitere, weniger friedfertige Delikte vorgeworfen: Im Sommer 2010 soll er auf der Donauinsel einen Hund totgetreten haben; im vergangenen Oktober schließlich in der U-Bahn einer Studentin durch einen Faustschlag eine Schädelprellung zugefügt haben.

Vor Richterin Minou Aigner legt W. nur zum ersten Anklagepunkt ein faktisches Geständnis ab, eine Sachbeschädigung will er aber nicht begangen haben. Er hatte am Denkmal für Berufskollegen Georg Raphael Donner in der Lothringer Straße eine Tafel mit der Aufschrift „Friedensengel IV" fixiert, den Donnerbrunnen am Neuen Markt ergänzte er um eine Engelsfigur mit zwei güldenen Häschen.

„Das war keine Verunstaltung! Ich betreibe die Arbeit seit 25 Jahren und finde es bedenklich, wenn Street Art einfach entfernt wird!", beruft sich der Angeklagte auf künstlerische Freiheit. „Als Künstler bewegt man sich in einem Bereich, wo man sich an der Gesellschaft reibt und eine Gratwanderung macht", belehrt er Aigner. „Eine Gratwanderung, die manchmal vor Gericht endet", entgegnet die. Die 1.079 Euro, die der Magistrat von ihm für die Entfernung seiner Werke will, möchte er nicht bezahlen. Er vertritt den Standpunkt, die Beamten hätten ihn nur kontaktieren müssen, dann hätte er sie selbst entfernt.

Die Vorwürfe der Körperverletzung und Tierquälerei weist er überhaupt mehr oder weniger empört zurück. Zunächst erzählt er seine Sicht zu dem Vorfall in der Station Schottenring. „Ich bin mit meiner kleinen Tochter im Arm die Rolltreppe hinaufgegangen, zwei junge Frauen sind im Weg gestanden. Ich wollte vorbei, es ist zu einem Streit gekommen, die eine hat auch herumgefuchtelt. Dann hat sie gesagt, dass das schon die Auswirkungen des Wahlergebnisses seien, da habe ich ihr mit dem Zeigefinger gegen die Stirn getippt und gefragt, ob sie deppert ist.“

Warum ihn ein unbeteiligter Tatzeuge aufhielt und die Polizei gerufen wurde, kann sich der Angeklagte nicht wirklich erklären. Dass die 23-Jährige, ihre kopftuchtragende Freundin und der junge Mann übereinstimmend schildern, er habe ausgeholt und der jungen Frau einen wuchtigen Faustschlag verpasst, bezeichnet er als Lüge. Dass das Opfer angibt, sie habe einen großen roten Abdruck auf der Stirn gehabt, der sicher nicht von einem Zeigefinger stamme, und das amtsärztliche Gutachten eine Schädelprellung bestätigte, kümmert W. nicht.

Er beteuert, nie jemanden geschlagen oder getreten zu haben und auch nicht die Schuld am Tod der Chihuahuahündin Pipi zu tragen. Die starb am 4. Juli 2010 an einem Schädel-Hirn-Trauma auf der Donauinsel. Laut Anklage, da ihr W. einen wuchtigen Tritt gegeben hat, wodurch das Tier durch die Luft geschleudert wurde.

„Ich war dort laufen, da ist der hysterische Hund nachgekommen. Er lief mir zwischen die Beine, ich habe ihn abgeschüttelt. Dann ist er gegen eine Liege gerannt“, erzählt der Angeklagte zunächst. Die tierliebende Aigner bohrt nach, irgendwann sagt W., der Hund habe ihn beißen wollen. Aber einen absichtlichen Tritt bestreitet er: „Ich trete ja keinen Hund während des Laufens, das bringt mich ja aus dem Rhythmus!"

Im Gegenteil, als er bemerkte, dass der wütende Besitzer herangeeilt kam, sei er stehengeblieben und habe anschließend sogar einen Tierarzt verständigt. Der Angeklagte hat auch eine Theorie zu Pipis Ableben: „Ich glaube, dass sie an Hitzschlag gestorben ist, es war ein kleines Tier, und es war sehr heiß." Den Befund des Tierarztes über die schwere Kopfverletzung nimmt er zur Kenntnis.

Hundebesitzer A. erzählt als Zeuge eine andere Geschichte. „Ich habe den Herrn schon am Vortag laufen gesehen, da ist der Hund auch ein Stück mitgerannt, und es hat keine Probleme gegeben. Plötzlich, am nächsten Tag, gibt er ihm einen wuchtigen Tritt. Der Hund hatte 1,2 Kilo und ist sicher eineinhalb Meter durch die Luft geflogen." Gegen eine Liege sei das Tier sicher nicht gerannt, W. habe dagegen einfach weiterlaufen wollen – erst nach kurzer Verfolgung habe er gestoppt.

Überraschenderweise erzählt der Zeuge auch, dass er sich nicht als Privatbeteiligter anschließen wolle – W. habe nämlich in der Vergangenheit bereits 1.200 Euro Schadenersatz gezahlt.

In seinem Schlusswort will der ohne Verteidiger erschienene Angeklagte nochmals den Prozess Revue passieren lassen, Aigner mahnt ihn zur Knappheit. „Ich glaube, dass mir Unrecht getan wird", gibt er sich überzeugt. Aus seiner Sicht trifft das auch ein: Er wird in allen Anklagepunkten schuldig gesprochen und erhält zehn Monate bedingte Haft, der Stadt Wien muss er die 1.079 Euro bezahlen.

Der Dackel mit dem Löwenherz

Vielleicht wäre eine Welt ohne Hunde eine friedlichere Welt. Im Fall von Johann G. und Norbert S. ist das mit an Sicherheit grenzender Wahrscheinlichkeit so. Denn G.s Dackel und S.s Schäferhund haben dafür gesorgt, dass G. mit dem Anklagevorwurf der Tierquälerei vor Richterin Marion Hohenecker sitzt.

G. ist 71 Jahre alt und unbescholten. Der Wiener hat ein Haus mit Garten. Der dummerweise an jenen der Eltern von S. grenzt. Allerdings gibt es eine solide Trennung: Auf einem 80 Zentimeter hohen Betonsockel ist ein Maschendrahtzaun, auch Thujen gibt es.

Am 9. März soll der Pensionist durch diesen Zaun S.s Hund mit Silikonspray angesprüht haben, sodass das Tier eine Bindehautentzündung und eine Wunde an der Schnauze abbekam. Der Angeklagte leugnet das.

„Warum sitzen wir dann hier?", fragt ihn Hohenecker. G. versucht es ihr zu erklären. Am fraglichen Tag seien er, seine Frau und der Dackel nach Hause gekommen. Er habe mit Silikonöl die klemmende Eingangstür repariert.

„Dann bin ich nach draußen gegangen, weil ich mein Handy im Auto vergessen habe." Nachdem er es geholt hatte, hörte er Bellerei. „Ich bin hingegangen, da habe ich gehört, wie S. zu meiner Frau ‚Geh scheißen, du Trampel!' gesagt hat."

Das Verhältnis zur Nachbarsfamilie ist gelinde gesagt nicht ganz friktionsfrei. Mit S.s Eltern muss es vor Jahren zu „unschönen Szenen" gekommen sein, man stellte den Kontakt ein. Und S. habe durch sein

Verhalten immer wieder provoziert: „Er ist, wenn er zu Besuch war, immer mit seinen Hunden genau an der Grundstücksgrenze entlanggegangen", empört sich der Angeklagte.

Schäfer und Dackel vertrugen sich nicht und verbellten einander immer wieder. „Meine Frau hat Angst, dass der Schäfer unseren Hund einmal beißt, wenn er die Schnauze durch den Zaun steckt. Er hat ein Herz wie ein Löwe", skizziert er das Wesen des acht Kilogramm schweren Tieres.

Er habe den Nachbarshund schon einmal mit dem Schlauch angespritzt, da er im TV gesehen habe, dass ihn das vertreibt. Tat es nicht. Beim angeklagten Zwischenfall samt Beschimpfung der Gattin habe es ihm gereicht. „Bitte schleich dich endlich mit deinem Hund", soll er gesagt haben.

„Dann habe ich mit dem Spray auf meine Seite der Mauer gesprüht. So, wie ein Schiedsrichter bei einem Elfmeter (gemeint ist ein Freistoß, Anm.) auf den Rasen sprüht." Er wollte damit den Grenzverlauf bekräftigen. Hohenecker versteht das nicht: „Aber das ist ja vom Nachbarsgrundstück nicht einmal einsehbar?" – „Es war einfach eine Reaktion."

In die Augen habe er dem Nachbarshund aber garantiert nicht gesprüht. Erstens, da er als Tierliebhaber so etwas nicht machen würde. Und zweitens sei das Tier zu diesem Zeitpunkt schon sieben Meter entfernt beim Herrl gestanden.

Zeuge S. schildert die Situation ganz anders. Er habe mit seinem Hund gespielt, der Dackel sei am Gartenzaun gestanden und habe gekläfft. „Die Frau ist dann mit dem Hund ins Haus gegangen. Ich habe meinen eigenen Pfiff gemacht, damit mein Hund herkommt." Der Angeklagte habe das Tier aber an den Zaun „zurückgelockt".

Das kommt Hohenecker seltsam vor – denn der Zeuge hatte zuvor noch betont, dass sein Schäfer sehr gut abgerichtet sei und schon Turniere gewonnen habe. Auch Verteidigerin Marion Binder bohrt in diese Richtung nach. „So gut ist mein Hund nicht abgerichtet, dass man ihn nicht locken kann", hört sie als Antwort.

Jedenfalls habe G. das Tier plötzlich besprüht und gerufen: „Kumm zuwa zum Zaun, du feige Sau, dann wach i di a ein!" Da der Schäfer allerdings winselte, habe er ihn stattdessen gewaschen und den Tierarzt alarmiert.

Der bestätigt bei seiner Aussage die geröteten Augen des Tieres eine knappe halbe Stunde nach dem Vorfall. Zwei Tage später habe es auch eine Wunde an der Schnauze gehabt, die erst drei Wochen später verheilt war.

Nach eineinhalb Stunden zum Thema Hunde ist die Richterin ein klein wenig erschöpft. „Wir haben jetzt die Möglichkeit, dass wir ein Gutachten über die Wirkung von Silikonölspray auf Hunde einholen. Oder wir machen eine Diversion", erklärt sie dem Angeklagten und seinem Kontrahenten.

Die bekommt G. schließlich, sie wird auch rechtskräftig. G. erklärt sich bereit, die Tierarztrechnung von 357,60 Euro zu erstatten. Außerdem wünscht er sich, dass es friedlich bleibt – seit dem Vorfall sei S. nämlich nicht mehr an der Grenze entlangstolziert.

Der will mehr Geld – 800 Euro. „Ich habe ja auch bei der Polizei Zeugenaussagen machen müssen, habe beim Tierarzt gewartet und bin jetzt hier", begründet er. „Sie wollen sich jetzt aber nicht am Leid Ihres Hundes bereichern?", wundert sich Hohenecker. „Nein, aber das waren sicher zehn Stunden, ich bin Selbstständiger."

Er werde dann halt zivilrechtlich klagen. „Ich sage Ihnen nur, dass das wenig Aussicht auf Erfolg hat und Sie auf den Prozesskosten sitzenbleiben", gibt ihm die Staatsanwältin einen guten Rat. „Egal, ich habe eh eine Rechtsschutzversicherung", lautet die selbstbewusste Antwort.

Der Taubenhasser und das Fenster zum Hof

In Österreichs Bundeshauptstadt leben derzeit rund 1,75 Millionen Menschen – und bis zu 150.000 Tauben. Diese Mischung ist nicht immer ganz friktionsfrei, daher muss sich Herr D. vor Richterin Petra Poschalko verantworten. Der Pensionist soll nämlich mindestens drei Tiere erschossen haben.

„Ich habe dabei meine Kompetenzen überschritten", gesteht der unbescholtene 66-Jährige ein. Und hebt dann zu einem Referat an, um sein Motiv zu erklären. Herr D. war nämlich bis zum Ruhestand im Gesundheitsbereich beschäftigt. Daher kennt er sich in der Materie aus: „Die Tauben sind eine extreme Gesundheitsgefahr!"

Sie seien Krankheitsüberträger, selbst der Staub des getrockneten Kots sei voller Erreger. „Und er enthält Salpetersäure!", weist er auf die für Fassaden und Bausubstanz zerstörerischen Eigenschaften der Ausscheidung hin.

Rund um den Südtiroler Platz, wo er und auch sein Verteidiger Karl Muzik residieren, sei die Situation besonders schlimm. „Es war bedrohlich. Ich war in der Einflugschneise für die Schwärme mit 20, 30 Tieren", verteidigt der Angeklagte seinen Entschluss zur Selbstjustiz.

Mindestens dreimal griff er zum Luftdruckgewehr und holte vom Fenster zum Hof aus Vögel vom Himmel. Menschen habe er dabei aber nie gefährdet, er habe immer nach oben geschossen. „Ich habe auch aufgepasst, dass niemand unten bei den Mistkübeln steht, der von den Tieren getroffen werden könnte", beteuert er.

Die Anklage der Tierquälerei kann er nicht nachvollziehen. „Meine Tauben waren sofort tot, die sind wie ein Stein vom Himmel gefallen!", schildert er. „Ich bin ein Tierfreund. Im Burgenland habe ich sogar selbstgebastelte Futterkistln aufgestellt." Poschalko erklärt ihm freundlich, dass es im Tierquälereiparagrafen gar nicht auf die Qual ankommt. Mit bis zu zwei Jahren Haft ist nämlich auch bedroht, „wer ein Wirbeltier mutwillig tötet".

„Es war ein großer Blödsinn", gesteht D. neuerlich ein. Er habe aber keinen anderen Ausweg gewusst. Die Situation werde nämlich immer schlimmer, behauptet er – was übrigens nicht stimmt, seit den 70er-Jahren ist der Bestand der im Computerspiel „Grand Theft Auto IV" als „fliegende Ratten" bezeichneten Tiere in Wien um ein Drittel gesunken.

Eine besonders schwere Schuld kann die Richterin nicht erkennen. Statt den Angeklagten zu verurteilen, entscheidet sie sich rechtskräftig für eine Diversion. Als Wiedergutmachung muss er 100 Euro pro totem Tier an das Tierschutzhaus zahlen. „Von denen kaufe ich eh jetzt auch schon Kalender", freut sich der Pensionist.

Der Rottweiler, der ein Kleinkind totbiss

Beim Schlussplädoyer von Astrid Wagner, der Privatbeteiligtenvertreterin der Eltern und Großeltern des
am 27. September nach einem Hundebiss verstorbenen Waris, zeigt sich, dass Richter Gerald Wagner
die Idealbesetzung für den Prozess gegen Lydia W.,
die Besitzerin des mittlerweile eingeschläferten
Rottweilers, ist. Wagner (weiblich) appelliert an die
emotionale Ebene, schildert das getötete Kleinkind
als „Sonnenschein" und fordert eine empfindliche
Strafe für Frau W., ehe Wagner (männlich) sie tro-
cken unterbricht: „Bitte nur zu den Privatbeteiligten-
ansprüchen und nicht zur Strafe."

  Der Medien- und Besucherandrang bei dem Verfahren um grob fahrlässige Tötung ist enorm, die
49-jährige Angeklagte schützt sich mit einer Schirm-
kappe auf und einem Aktenordner vor dem Kopf vor
den zahlreichen Kameras. Drei Wochen lang habe
sie nach dem Vorfall am 10. September in Wien-
Donaustadt bei einer Freundin schlafen müssen, da
die Reporter ihr Haus belagert hätten, erzählt sie bei
ihrer Einvernahme.

  Zunächst bekennt sich die Unbescholtene aber
schuldig im Sinne der Anklage. „Dann erzählen Sie
einmal, was an dem Tag passiert ist", fordert Richter
Wagner sie auf. „Mein Kollege, mein Ex-Chef, war
damals bei mir zu Besuch. Wir sind auf der Terrasse
gesessen, dann habe ich ihn zum Bus begleitet. Mit
dem angeleinten Hund."

  Der Hund war der dreijährige Rottweiler Joey,
den Frau W. im Alter von neun Wochen von einem
Züchter in Oberösterreich bekam. Und der zuvor

bereits einmal einen Bekannten von ihr in den Hals gebissen hatte. Den schon damals in diesem Fall gesetzlich vorgesehenen Beißkorb trug er an diesem Abend dennoch nicht.

„Ich habe mich auf meinen Kollegen konzentriert, und von einer auf die andere Sekunde hat der Hund mich mitgerissen. Ich war in einem Ausnahmezustand, geschockt", schildert die Angeklagte. Tatsächlich waren das 17 Monate alte Opfer und seine Großeltern entgegengekommen, das Tier verbiss sich in den Kopf des Kleinkindes, bis eine Zeugin den Hund schlug und wegzerrte.

Richter Wagner will gedanklich nochmals auf die Terrasse zurück. „Wie viel haben Sie getrunken?", fragt er. „Drei bis vier Gläser Prosecco", lautet die Antwort. Was sich mit dem Ergebnis des von der Polizei durchgeführten Alkomatvortests nicht ausgeht. „Glauben Sie, dass man von drei Prosecco 1,44 Promille bekommt?", will Wagner also wissen. „Ich habe noch nie einen Alkomattest gemacht", weicht Frau W. aus. Dann stellt der Richter eine entscheidende Frage: „Wie groß waren die Gläser?" – „So Limonadengläser. Insgesamt habe ich vielleicht einen halben Liter getrunken." – „Also schon mehr als drei Gläser Prosecco", spielt der Richter auf die übliche Gefäßgröße für den Schaumwein an.

Die Angeklagte bleibt aber dabei, sie sei „nicht dramatisch alkoholisiert" gewesen und habe die anderen Spaziergänger deshalb nicht wahrgenommen, da sie auf ihren Begleiter konzentriert war. Auf Nachfragen von Verteidigerin Nadine Illetschko verrät sie auch noch, dass sie mehrere Wochen an Schlafstörungen litt und wegen des Unglücks arbeitslos wurde,

Fragen, die Richter Wagner dann ebenfalls abwürgt, da sie nichts mit der Sache zu tun haben.

Den Angehörigen des Buben erspart der Richter eine Retraumatisierung, er verzichtet auf ihre Einvernahme. Interessant ist, dass von den anderen zivilen Passanten niemand eine Alkoholisierung von Frau W. wahrgenommen hat, drei einschreitende Polizisten dagegen bestätigen, dass die Frau deutlich nach Alkohol gerochen und gelallt habe.

Das sei überhaupt erst der Grund für die Benutzung des Vortestgeräts gewesen. „Und warum wurde danach kein Alkomattest gemacht?", wundert sich der Richter. „Das ist in diesem Fall nicht vorgesehen. Die Staatsanwaltschaft ist in diesem Fall mit dem Vortest zufrieden", erklärt eine Beamtin. „Wäre vielleicht in Zukunft gut, das zu ändern", regt Wagner an.

Am Ende folgt der Richter der Argumentation der Staatsanwältin. W. habe „gröbst fahrlässig" gehandelt, indem sie als Alkoholisierte mit ihrem Hund ohne Maulkorb und mit zu langer Leine unkonzentriert im öffentlichen Raum spazierte. „Das ist ein Rottweiler und kein Schoßhund", stellt er klar, nachdem er eine nicht rechtskräftige Strafe von 18 Monaten Haft, davon ein halbes Jahr unbedingt, ausgesprochen hat, die später vom Oberlandesgericht bestätigt wird.

Das von Anwältin Wagner geforderte Schmerzensgeld von 164.900 Euro erscheint Richter Wagner zu hoch – er hält sich an die Judikatur und spricht 65.000 Euro zu, worin auch die Begräbniskosten enthalten sind.

Aus dem Leben des Blutchronikers, Teil 2

Braucht man eigentlich eine juristische Ausbildung, um Gerichtsreporter werden zu können? Und wie kommt man überhaupt zu diesem Job? Die erste Frage kann man definitiv mit „Nein" beantworten. Zumindest im Strafrecht hat man nach ein paar Monaten Beobachtung die wichtigsten Grundlagen heraußen, juristische Detailfragen muss man dann ohnehin recherchieren – so es überhaupt eine allgemeingültige Antwort auf diese gibt. Wie man es in den Journalismus schafft, ist schwieriger zu beantworten. Ich gehöre möglicher- und glücklicherweise zu den letzten Vertretern der Generation, in der ein akademischer Abschluss noch keine Voraussetzung gewesen ist, um überhaupt zum Vorstellungsgespräch wegen eines Ferialpraktikums eingeladen zu werden. Im Gegenteil, das Studium der Publizistik und Politikwissenschaften habe ich nur bis zum Beginn des zweiten Abschnitts absolviert, da mir die Arbeit im Chronikressort des STANDARD deutlich interessanter erschien und ich ohnehin Journalist und nicht Kommunikationswissenschaftler werden wollte. Meine mangelnde Situationselastizität zeigt sich darin, dass mich in all den Jahren immer die sogenannte „Blutchronik" beschäftigt hat – zunächst als Polizeiberichterstatter, dann als Gerichtsreporter.

Auch an den Böden sind gewisse Abnutzungserscheinungen
nicht zu verleugnen.

Kapitel 3:
Vom Beisl vor den Kadi

„Auf den Alkohol – den Ursprung und die Lösung sämtlicher Lebensprobleme!", hat Homer Jay Simpson in einer Folge der Animationsserie „Simpsons" einmal sein Glas erhoben. Der Teil mit der Ursache stimmt zweifelsohne – der mit der Lösung weniger. Denn mitunter führt übermäßiger Konsum alkoholhaltiger Getränke vor das Strafgericht. Das kann bei einem Faschingsfest genauso passieren wie bei der lokalhistorischen Diskussion um den Standort eines Finanzamtes. Vom Würstelstand bis zum Tschecherl reichen die Tatorte, unhöfliche Beschreibungen der Körpermasse des Gegenübers können als Auslöser reichen.

Wildpinkler bei den Stürmischen Tagen

Sicher, die Abkürzung ACAB könnte auch für „Acht Cola, acht Bier" stehen. Gemeinhin geht man aber doch davon aus, dass „All cops are bastards" (Alle Kieberer sind Arschlöcher, wäre wohl eine solide Übersetzung ins Österreichische) gemeint ist, wenn man Derartiges grölt. Wie es Gerhard S. bei den „Stürmischen Tagen", einem Weinfest in Wien-Floridsdorf, getan hat – während ihn drei Exekutivbeamte beim Wildpinkeln beobachteten.

Der 25-Jährige findet sich mit einer Anklage wegen versuchten Widerstands gegen die Staatsgewalt vor Richter Christian Gneist wieder. Die Erinnerung von S. ist ein klein wenig eingeschränkt. „Ich habe einiges getrunken", schildert er. „Was ist einiges?", will Gneist wissen. „Na ja, wir waren vorher schon fort, sind erst um 22 Uhr nach Stammersdorf gekommen." Wie später ausgerechnet wird, hatte G. 1,9 Promille.

Ihn überkam jedenfalls dringender Harndrang, er absentierte sich zwecks Erleichterung in die Büsche. „Dort habe ich ACAB geschrien", gibt er zu. „Wie kommt man auf so was?" – „Weiß ich nicht mehr. Aber ich habe die Polizisten nicht gesehen", beteuert der Angeklagte.

Die Streife sah allerdings ihn und schwenkte Taschenlampen in seine Richtung. Dass er daraufhin „I siach eich, es Oaschlecha, ihr braucht's net leichden!" gerufen hat, hat die Situation nicht entschärft.

Die Beamten verlangten seinen Ausweis und zeigten ihn wegen des Urinierens an. Seine „Acht Cola, acht Bier"-Erklärung hätten die Polizisten „nicht so lustig aufgenommen", weiß S. noch. Auch, dass er im Weggehen zur Einsatzkraft „Woamer" gesagt hat.

Plötzlich sei er von hinten gepackt worden und dann auf dem Boden gelegen. Dorthin hatten ihn die Beamten gebracht, warum, bleibt eigentlich offen. Einige Polizisten behaupten, er habe einen von ihnen angreifen wollen. Er sagt, es sei nie eine Festnahme ausgesprochen worden, er habe sich nur befreien wollen, als er umfasst worden sei.

Beim gemeinsamen Sturz zog sich ein Beamter eine blutende Wunde am Knie zu. Da sich aber im Lauf des Verfahrens nicht wirklich klären lässt, wann S. zu Fall gebracht wurde und ob er sich wirklich gewehrt hat, wird er im Zweifel freigesprochen.

Auch im Nebensaal geht es bei Richterin Claudia Moravec-Loidolt um Floridsdorf und Alkohol. Petra A. ist 31 Jahre alt und soll nicht nur im volltrunkenen Zustand einer Frau den Arm gebrochen haben, sondern später dasselbe auch mit einer 15-Jährigen getan haben.

Der erste Fall wurde schon einmal verhandelt, damals kam A. mit einer Diversion davon. Auch diesmal gesteht sie, damals an einem Würstelstand mit einer Frau in Streit geraten zu sein und ihr einen Stoß versetzt zu haben.

Da sie am 16. Juni im Wasserpark an der Alten Donau aber mit einer Kontrahentin ihrer elfjährigen Tochter in Streit geraten ist, sitzt sie wieder hier, und beide Delikte werden gemeinsam verhandelt.

Die Sache hat zwei Wochen Vorlaufzeit: Damals soll Opfer W. die Tochter der Angeklagten „Hurenkind" genannt und ihr Prügel angedroht haben. Am Tattag traf A. dann auf die Schülerin.

„Haben Sie etwas getrunken?", fragt die Richterin. „Drei Bier." Moravec-Loidolt runzelt die Stirn. „Was machen wir mit Ihrem Alkoholproblem?" – „Ich habe kein Alkoholproblem." – „Aber jedes Mal, wenn Sie Alkohol trinken, gibt es ein Problem." – „Jetzt nicht mehr."

Fest steht, dass die 31-Jährige und die Schülerin einander zunächst beschimpften. Dann sei man sich im Wortsinn in die Haare geraten und gestürzt, sagt die Angeklagte. Das Opfer hatte dagegen ausgesagt, sie sei von A. zu Boden gerissen worden.

Die meisten Zeugenaussagen entlasten die Angeklagte und stützen ihre Version, die Freundinnen der Verletzten sind dagegen ziemlich widersprüchlich. W. selbst erscheint nicht – wie sich herausstellt, ist sie zumindest bis zum Sommer im Rahmen eines sozialpädagogischen Projekts im Ausland.

Da auch die Staatsanwältin mit der Verlesung von W.s Aussage einverstanden ist, ergeht schließlich ein Freispruch. Damit bleibt auch die Diversion aus dem ersten Fall bestehen, obgleich die Probezeit neu zu laufen beginnt.

Die „Indianerin" und Schläge auf dem Damen-WC

„Es ist ganz eindeutig, dass sich irgendwer heute in diesem Saal strafbar gemacht hat", stellt Richter Philipp Schnabel völlig korrekt fest. Anita B. meint er damit nicht, die ist nämlich wegen Körperverletzung angeklagt und hat das Recht zu lügen. Anders sieht es mit ihren zwei Freundinnen beziehungsweise Jennifer H. und deren beiden Bekannten aus. Die beiden Gruppen treten als Zeuginnen auf – und erzählen Geschichten, die sich wechselseitig ausschließen.

Es geht um den Morgen des 26. Februar, Ort der Handlung ist die Damentoilette eines Lokals in der Wiener Innenstadt. Am Ende einer Faschingsfeier ging die 22-jährige Angeklagte mit drei Freundinnen noch auf das WC. Eine der Begleiterinnen wollte austreten und pochte erfolglos gegen die verschlossene Kabine. „Dann ist die Frau H. herausgekommen und hat zu schimpfen begonnen", erinnert sich die Unbescholtene.

Jennifer H., 29 Jahre alt, soll auch den Body-Mass-Index der Angeklagten unhöflich kommentiert haben. „Ich wollte den Streit schlichten, da wollte sie mich plötzlich am Hals packen", schildert B. jedenfalls. „Ich habe mich geschreckt und sie weggestoßen, sie ist nach hinten hingefallen und hat sich den Hinterkopf angestoßen. Mehr ist nicht passiert."

„Offensichtlich ist aber etwas passiert", wirft Schnabel ein. Denn kurz darauf wurden bei H. im Spital ein Nasenbeinbruch, eine Gehirnerschütterung und eine Bauchdeckenprellung festgestellt. Beachtliche drei Wochen Krankenstand waren die

Folge, die Verletzte will 1.540 Euro Schmerzensgeld und 200 Euro für die psychische Beeinträchtigung.

Die Verletzungen müsse sich H. danach zugezogen haben, mutmaßt die Angeklagte. Die Frau sei stark alkoholisiert gewesen, ein Sturz auf der Treppe sei eine Möglichkeit.

Jennifer H. bestreitet das und erzählt eine andere Geschichte. „Ich habe ein bisschen was getrunken. Leider habe ich etwas getrunken, was nicht so gut war, daher ging ich auf das WC." – „Ein bisschen was?", fragt der Richter misstrauisch. „Es war schon mehr. Ich war stark alkoholisiert", gibt die Zeugin zu. In der WC-Kabine gab sie sich deshalb der Antiperistaltik hin, als gegen die Tür gepocht wurde.

„Ich bin dann raus. Da ist mir leider die Meldung rausgefallen, die ich mir nur gedacht habe, dann ist es zu einem Gerangel gekommen." – „Da fehlt jetzt etwas. Der Satz", unterbricht Schnabel. Er lautete: „Sie kann eh scho rein, die blade Sau." B. habe ihr daraufhin jedenfalls einen Faustschlag ins Gesicht verpasst, dabei sei die Nase gebrochen.

Sie habe zwar Erinnerungslücken, die Angreiferin sei aber eindeutig die Angeklagte gewesen. „Das wird die Dame gewesen sein. Die anderen drei Mädels waren, entschuldigen Sie die Aussage, sehr schmal von der Statur." Ein weiteres Indiz: Die Angeklagte war als „Indianerin" verkleidet.

Die jeweiligen Begleiter stützen die Versionen ihrer Seite. „Es ist herrlich, wie viele Versionen es von dem Vorfall gibt", merkt Schnabel einmal an. Denn die Angaben über die Personenanzahl in der Toilette, ob diese eine Schwingtür hatte oder nicht, wer wen zuerst angegriffen hat und ob sich die Verletzte auf

Hinterkopf oder Nase gegriffen hat, divergieren erheblich. Und interessanterweise hat nur eine der fünf anderen Damen den entscheidenden Körperkontakt zwischen B. und H. beobachtet, alle anderen waren anderweitig beschäftigt. Diese Zeugin ist wiederum eine Freundin der Angeklagten.

Schnabel glaubt schließlich aber doch dem Opfer. Die Verletzungen würden zu ihrer Geschichte passen, an eine Notwehrsituation glaubt er nicht. Unter Tränen hört die arbeitslose Angeklagte, wie sie zu fünf Monaten bedingter Haft und 1.540 Euro Schmerzensgeld verurteilt wird.

Der ziemlich missglückte Valentinstag

Es hätte ein beschaulicher Feiertag der Gärtner und Floristen sein sollen, den Franz B. am 14. Februar mit seiner Freundin verbringen wollte. Stattdessen wurde es quasi ein Valentinstags-Massaker für Arme, an dessen Ende drei Verletzte zu beklagen waren. Daher muss sich der 29-Jährige vor Richterin Hannelore Bahr verantworten.

„Ich bekenne mich schuldig", sagt der zerknirscht wirkende Unbescholtene. „Können Sie sich noch an die Vorfälle erinnern?", fragt die Richterin. „Nein." – „An keinen Fetzen?", will Bahr wissen und meint damit bruchstückhafte Erinnerungen. Die aber fehlen, da der Angeklagte einen substanzbedingten Fetzen hatte, wie man in Oberösterreich auch einen Vollrausch nennt. „Nein, ich bin in der Ausnüchterungszelle aufgewacht und wusste nicht, wo ich bin. Ich habe das Blut auf meiner Kleidung gesehen und das Schlimmste angenommen – dass ich entführt worden bin", erinnert sich B. an den Neustart seines Films am 15. Februar.

Begonnen hat die Geschichte seiner Darstellung nach gut 24 Stunden zuvor. Eigentlich bestand sein Plan darin, am frühen Nachmittag Blumen zu kaufen und diese seiner Freundin, der 23 Jahre alten Frau P., zu überreichen. Um sich die Zeit dahin zu vertreiben, habe er bereits am Vormittag eine Weinflasche aufgemacht. Einen Doppelliter.

Und da Menschen unter Alkoholeinfluss immer die besten Ideen haben, nahm er auch noch eine halbe Tablette Rohypnol, erzählt er. „Wo hatten Sie die her?", fragt Bahr. Es war der Nachlass seiner verstorbenen Großmutter, den er beim Aufräumen gefunden hatte. „Sie waren 1994 abgelaufen", erinnert B. sich. Er öffnete noch einen zweiten Doppler, ehe er sich mit Flasche und Hund auf den Weg machte. „Das Letzte, was ich weiß, ist, dass ich in die Tramway eingestiegen bin."

Wie er mittlerweile recherchiert hat, war er danach bei einem Freund zu Besuch. Dort trank er nicht nur den Weißwein, sondern bediente sich auch selbst: „Er hat mir erzählt, dass ich zu seinem Kühlschrank gegangen bin, dort eine Flasche Wodka herausgenommen und die auch ausgetrunken habe." – „Wollten Sie jetzt Valentinstag feiern oder sich mit einem Freund betrinken?", wundert die Richterin sich. „I waas jo ned!", entfährt dem Angeklagten gequält.

Wie erwähnt setzt seine Erinnerung erst wieder ein, als er in einem Raum mit vergittertem Fenster aufwachte. Seine erste Sorge galt Hund Emma: „Ich bin zur Tür und habe mir gedacht: ‚Jessas Maria, warum ist da keine Türschnalle?'" Als er durch das Guckloch einen Uniformierten erspähte, auf dessen Rücken „Polizei" stand, wusste wenigstens, dass er kein Entführungsopfer ist, der Beamte konnte ihm auch den Aufenthaltsort des Hundes verraten.

Durch die Zeugenaussagen wird klar, was dazwischen passiert ist: B. war mitten in der Nacht zu Frau P. gefahren, hatte auch aus deren Kühlschrank Wein genommen und getrunken. Die Freundin war mäßig begeistert: „Ich habe ihm gesagt, er soll gehen. Da hat er gelacht, sich auf die Bank gesetzt und mit einem Freund telefoniert", schildert die nunmehrige Ex-Freundin.

„De Oida gehd ma ur am Oarsch", habe er dem Gesprächspartner verraten. „Da habe ich vorsichtig sein Telefon vom Ohr genommen und gesagt: ‚Schleich dich!', dann ist es losgegangen." B. habe sie an den Haaren gerissen, geschlagen und getreten, wodurch sie Blutergüsse und Abschürfungen erlitt. Als eine Freundin kam, verließ der Angeklagte P.s Wohnung – samt Hund und Weinflasche. Da P. und ihre Freundin den Hund hierbehalten wollten, eilten sie ihm nach. Aus dem Aufzug schleuderte er darauf die Flasche mit Wucht in Richtung der Freundin. Die konnte sich ducken und wurde durch Glassplitter nur leicht verletzt.

Aus dem Haus kam B. aber nicht mehr, gegen 3.20 Uhr erschien die alarmierte Polizei. Er widersetzte sich und verletzte dabei einen Beamten am Knie. Dass er nach seiner Festnahme die Mitglieder der Exekutive noch lautstark als „Hurenkinder" und „Scheißgeburten" bezeichnete, fällt da strafrechtlich nicht mehr ins Gewicht.

Interessanterweise beschrieb der polizeiliche Amtsarzt B. nach dessen Festnahme als relativ nüchtern, ein Alkoholvortestgerät ergab einen Messwert von zwei Promille – heute beteuert B., sich an beides nicht erinnern zu können. Woher also die Gedächtnislücken? Der medizinische Sachverständige Christian Reiter kann Aufklärung bieten.

Rohypnol sei an sich ein rasch wirkendes Schlafmittel, berichtet er. Bei manchen Menschen stelle sich bei Medikamenten aber die sogenannte „paradoxe Wirkung" ein – statt beruhigend wirkt es aufputschend. In Kombination mit Alkohol gebe es dabei ein häufiges Symptom: Amnesie, also Gedächtnisverlust.

Da B. am 15. Februar einen Drogenharntest verweigert hatte, kann Reiter also nur auf dessen Aussage bauen. Im Zweifel gesteht er B. aber zu, dass der sich durch die unglückselige Kombination nicht mehr selbst kontrollieren konnte, worauf die Anklage in den Paragrafen „Begehung einer Straftat im Zustand voller Berauschung" geändert wird. Bei einer Strafandrohung von bis zu drei Jahren Haft verurteilt ihn Bahr zu neun Monaten bedingter Haft, zusätzlich muss er ein Antiaggressionstraining absolvieren und den drei Verletzten insgesamt 2090 Euro Schmerzensgeld zahlen.

„Mädi" und der Würstelstand

„Auch wenn es sich jetzt blöd anhört, aber ich war wieder auf dem richtigen Weg. Ich hatte einen Job und im Februar Aussicht auf eine Wohnung. Aber der Alkohol macht aus mir einen anderen Menschen", verrät Gernot B. Richter Thomas Kreuter. Am 30. Oktober hatte B. zwei Promille und war folglich ein anderer Mensch, was dem sechsfach Vorbestraften einen Prozess wegen gefährlicher Drohung und Verstoßes gegen das Waffengesetz eingebracht hat.

Der Tatort ist ein Würstelstand am Reumannplatz in Wien-Favoriten. Der 46-jährige Angeklagte hatte dort am Abend einen Zwischenstopp eingelegt. „Ich war auf dem Weg zur Donauinsel, um die Waffe zu entsorgen", hört Kreuter. Die Waffe, eine Gaspistole, habe ein Freund ihm zerlegt mit der Bitte um Reparatur übergeben. Er konnte die Pistole zwar zusammenbauen, sie sei aber hinüber gewesen, beteuert der Angeklagte.

B. plauderte jedenfalls mit der Würstelstandchefin und zwei anderen Kunden, als er zunächst Hundegebell und dann einen Stupser gegen das Knie wahrnahm. Auslöser dafür war „Mädi", die Hündin von Erika M. und Rudolf S., die das Tier mit Beißkorb ausführten.

„Wir wollten auf ein Abendessen gehen", sagt Zeugin M., 47 Jahre alt und Pensionistin. „Wir hom uns a boa Haaße hoin woin", formuliert es ihr 52-jähriger Partner, ebenfalls im Ruhestand. Darüber, was nach dem Kontakt zwischen Tier und Angeklagtem passiert ist, gibt es verschiedene Darstellungen.

B. schildert es so: „Ich habe gesagt, sie sollen den Hund kürzer an die Leine nehmen, da hat der Mann zu schimpfen begonnen." Es entstand ein Wortgefecht, S. soll mehrmals „I stich di o!" gesagt haben. Das letzte Mal, als das Paar schon um die Ecke des Standes verschwunden war.

„Ich bin nachgegangen und habe gesagt, dass er mich auf die Entfernung nicht stechen kann. Da ist er umgedreht und auf mich zugekommen." Das machte dem Angeklagten nach seiner Version Angst: „Auf mich ist schon zweimal eingestochen worden." Daher habe er die Pistole aus seiner Tasche gezogen und sie in die Höhe gehalten. „Gesagt habe ich aber nichts." – „War Ihnen bewusst, dass Sie ein Waffenverbot haben?", will Kreuter wissen. „Ja. Dafür gehöre ich sowieso bestraft, für die Blödheit", lautet die Antwort.

Zeuge S. berichtet, der Angeklagte habe behauptet, „Mädi" habe ihn gebissen, und sich aufgeregt. An die Wortwahl kann er sich nicht mehr erinnern. „Wie ma so schimpfen duat, waast eh", schlägt er gegenüber dem Richter einen vertraulichen Ton an.

Kreuter demonstriert, dass er sich auf seine Zielgruppe sprachlich einstellen kann. „Also der motschgert und redt deppad. Was ist dann passiert?" Der Zeuge sagt, er und seine Freundin seien um die Ecke gebogen, B. sei ihnen gefolgt.

Bezüglich des Zeitpunkts, wann B. die Waffe gezogen hat, macht S. widersprüchliche Angaben. Ebenso, ob der Angeklagte ihm mit „Du wirst scho segn!" gedroht hat, wie der Zeuge bei der Polizei sagte, oder mit „I werd eich daschiaßn", wie er nun behauptet. „Sicha bin i ma do ned", muss er auf Nachfrage der Staatsanwältin schließlich konzedieren.

Er sei jedenfalls stehen geblieben, habe sich umgedreht und gesagt „I hob ka Aungst!". Hatte er dann doch; als B. mit der Waffe fuchtelte, sei das Paar geflüchtet und habe die Polizei alarmiert. Frau M. schwächt diese Darstellung mit ihrer Zeugenaussage allerdings ab. Sie sagt, ihr Partner sei ein, zwei Schritte auf den Angeklagten zugegangen, erst dann habe der die Waffe gezogen. Gesagt sei dabei nichts worden. „Mein Freund hat nur ganz wenig getrunken gehabt. Zwei Bier oder so", macht die Favoritnerin auch noch klar.

In seinem Schlusswort bittet der Angeklagte um Entschuldigung und eine „letzte, allerletzte Chance". Er wolle nach der Haftentlassung auch eine stationäre Entzugstherapie machen, da ihm sein Alkoholproblem bewusst sei. Für den Besitz der Gaspistole verurteilt Kreuter ihn dann zu drei Monaten Gefängnis, vom Vorwurf der gefährlichen Drohung spricht er ihn dagegen frei. Der Richter glaubt ihm, dass er Angst hatte, und geht daher von einer sogenannten Putativnotwehr aus.

Rabiater Diskurs im Schlingerl

Diskussionen um Filterblasen sind eigentlich unerklärlich. Denn getrennte Lebenswelten gibt es wohl, seit die Gesellschaft hierarchisch gegliedert ist. An einem Gericht kommt es aber gelegentlich zu Überschneidungen. Der Prozess gegen Manfred P., Walter V. und Franz V. ist ein Beispiel dafür.

Es geht um eine Auseinandersetzung im Schlingerl, einem Lokal in Wien-Floridsdorf. Alle drei Angeklagten behaupten, sie seien unschuldig und hätten nur in Notwehr gehandelt. Richterin Olivia-Nina Frigo hat also die etwas undankbare Aufgabe, zu eruieren, was passiert ist.

Erstangeklagter P. erzählt es so: Er sei an einem Nachmittag im September bei seiner Runde mit dem Hund im Lokal bei seinem Bier gesessen, als der Drittangeklagte dort herumgeschrien habe. Die Aufforderung, etwas leiser zu sein, sei mit „Blade Sau, hoit di Pappm, sauf dei Bier aus und schleich di!" quittiert worden.

Bei der abendlichen Gassirunde kehrte Herr P. wieder ein, danach kamen die anderen beiden Angeklagten. Er wollte gehen, vor dem Lokal sei die Situation eskaliert. Er habe einen Stoß erhalten, sei niedergefallen, habe Tritte und Schläge verabreicht bekommen. Nach der Flucht ins Lokal hat der Unbescholtene die Polizei alarmiert. Trotz der Drohung: „Waundst Polizei ruafst, bist hi!"

„Haben Sie auch einen Barhocker in die Höhe gehalten?", fragt die Richterin ihn. „Da kann ich mich nicht erinnern." – „Haben Sie dem Zweitangeklagten Schläge verpasst?" – „Nicht bewusst." Seine eingestandenen drei, vier Bier scheinen für selektive Wahrnehmung gesorgt zu haben.

Der 40 Jahre alte Zweitangeklagte, der es schon auf zehn Vorstrafen gebracht hat, macht einen etwas benommenen Eindruck, was an seinen Drogenersatzmedikamenten liegt, wie er erzählt. Er hat den fraglichen Abend ganz anders in Erinnerung. „Ich bin reingegangen, was trinken", beginnt er. Plötzlich habe sein Bekannter, der Drittangeklagte, von draußen „Walter! Walter!" geschrien.

Als er vor die Tür kam, habe P. gesagt: „Jetzt sads scho zu zweit. Dann nimm i a Messa!", habe eines gezogen und ihn damit leicht an der Hand verletzt. Am Tatort wurde zwar ein Messer sichergestellt, P. beteuert aber, es sei nicht seines. Verwertbare Spuren wurden darauf nicht gefunden.

Zurück im Lokal habe P. ihm dann mit erhobenem Hocker gedroht, er habe zur Selbstverteidigung auch einen in die Hand genommen, behauptet Walter V. „Dann hat er gesagt: ‚Du Scheißjunkie', und mir ins Gesicht gespuckt." Ein weiterer Gast, von dem nur der Spitzname „Der Mechaniker" bekannt ist, habe die Situation dann beruhigt.

„Waren Sie sehr betrunken?", will Frigo wissen. „Sehr möchte ich nicht sagen. A bissi." Interessant ist in diesem Zusammenhang, dass die Polizei festgehalten hat, dass V. „schwer alkoholisiert" gewesen sei und er, „soweit es ihm möglich war", die Aussagen des Drittangeklagten bestätigt hat.

Überraschend auch, dass die Beamten zwar eine kleine Schnittwunde an der Hand und Blut im Mundwinkel im Protokoll vermerkt haben, aber einen gröberen Cut über dem Auge, der eine Narbe zurückließ, nicht. Genau den will der Zweitangeklagte aber durch einen Faustschlag bekommen haben.

„Jetzt Ihre Variante", fordert die schon etwas erschöpfte Richterin den Drittangeklagten auf. Er bestätigt zunächst die nachmittägliche Konfrontation mit dem Erstangeklagten. Aber: Der sei vom benachbarten Tisch aufgestanden und habe sich in eine Diskussion eingemischt. Sein Ansatz zur Mediation: „Waunds ihr jetzt ned endlich di Goschn hoits – hau i da ane in die Goschn!"

Dieser Angeklagte, 51 Jahre alt und ebenfalls unbescholten, tritt vor Gericht recht selbstbewusst auf. Auffällig sind auch seine Versuche, Hochdeutsch zu sprechen. Die funktionieren im Ansatz manchmal durchaus, scheitern allerdings, je länger seine Sätze werden. Und von diesen gibt es viele.

Das zweite Aufeinandertreffen sei jedenfalls so gewesen: Er habe vor der Tür auf seinen Bekannten Walter V. gewartet. P. sei herausgekommen, es habe erneut eine Stänkerei gegeben, die zur körperlichen Auseinandersetzung eskalierte. Dass der Kontrahent ein Messer gezogen habe, bestätigt er; ob er seinen Bekannten damit verletzt habe, weiß er nicht.

Er beschreibt allerdings auch, P. habe den Zweitangeklagten schwer verprügelt. Die blutende Wunde über dessen Auge habe er auch gesehen. „Warum die Polizei nicht?", fragt die Richterin. „Vielleicht hat er sich das Blut schon abgewischt gehabt?", kann der Drittangeklagte nur mutmaßen.

„Um die Wahrheit ist es hier im Raum nicht so gut bestellt", hält Frigo noch fest, ehe sie wegen der fortgeschrittenen Zeit und fehlender Zeugen vertagen muss.

Der zweite Verhandlungstag beginnt mit Verspätung. Zweitangeklagter Walter V. ist um neun Uhr nicht da. „Ich habe am Freitag mit ihm gesprochen. Er hat gesagt, er wird sich verspäten, da er um acht Uhr seine Substitutionsmedikamente aus der Apotheke holen muss", verrät der Drittangeklagte der Richterin Frigo.

Die versucht Walter V. erfolglos auf seinen drei Handynummern zu erreichen. Sie spielt mit dem Gedanken zu vertagen, als der Zweitangeklagte um 9.11 Uhr keuchend eintrifft. „Entschuldigung, ich habe die Straßenbahn verpasst und mich dann im Stockwerk geirrt", gibt er sich zerknirscht.

Bei der Wahrheitsfindung sollen der Richterin nun die Zeugen helfen. Der erste ist der Geschäftsführer des Lokals. Er erinnert sich, dass es am Tattag bereits um 13.30 Uhr eine Auseinandersetzung zwischen Erst- und Drittangeklagtem gegeben hat. „Der Franz hat laut geredet, der Manfred hat sich eingebildet, dass das seinen Hund erschreckt", erinnert sich der Zeuge.

Am Abend sei er dann aufmerksam geworden, dass Erst- und Drittangeklagter vor dem Schlingerl wieder einen Streit hatten. Zunächst verbal. „Ich habe nur mitbekommen, wie es zur Sache gegangen ist." Franz habe Walter zu Hilfe gerufen, irgendwann habe er, der Zeuge, interveniert und sei hinausgelaufen. „I hob eam an Deuter gebm", schildert er, wie er den Drittangeklagten wegstieß. „Sads jetz scho gaunz deppad? Gebts a Ruah!", habe er noch zur Mäßigung aufgefordert.

Es seien auch Passanten vor Ort gewesen. „Es ist ja ein Markt. Da gehen auch normale Leute vorbei!", betont er. „Das war um 19 Uhr. Ich kenne den, da sind keine Standln mehr offen", wirft Frigo ein. Und wird belehrt: „Dass Sie sich da nicht täuschen tun! Wir nehmen es da nicht so genau."

Die Richterin interessiert auch, ob es öfters alkoholinduzierte Probleme gebe. „Die zwitschern halt ihre Bier und Gspritzte. Wenn was getrunken wird, gibt es öfter Meinungsverschiedenheiten. Dann muss man die Burschen ein bissl dämpfen", schildert der Zeuge aus seinem Alltag.

Anschließend kommt ein Gast, der schon bei der Auseinandersetzung am Nachmittag dabei gewesen ist. Der Dialog zwischen Erst- und Drittangeklagtem sei sehr zielorientiert gewesen, erinnert er sich. K. habe begonnen: „Kennts ned endlich die Goschn hoidn?" – „Gib a Ruah, und sauf aus!" – „I hau da in die Goschn!"

Unnötige Bewegung vermied dieser Zeuge, er blieb die Stunden bis zum Abend im Lokal. Die Vorgänge will er nur am Rande registriert haben. „Hob i ned mitkriagt, hod mi ned intressiert, soin si in die Goschn haun", fasst er seinen Standpunkt zusammen. Unverständlich ist ihm allerdings, warum der Erstangeklagte die Exekutive alarmiert hat. „So was mocht ma si unta uns aus, do braucht ma ka Polizei für den Schas."

Die Richterin ist am Ende davon überzeugt, dass es bei Erst- und Zweitangeklagtem keine Notwehr gewesen ist. Den unbescholtenen K. verurteilt sie bei einer Strafandrohung bis zu einem Jahr zu zwei Monaten bedingt.

Härter trifft es Walter V.: Der hat bereits zehn Vorstrafen, außerdem wird er noch wegen einiger anderer Delikte verurteilt, dafür drohen ihm bis zu drei Jahre Haft. Frigo entscheidet sich für ein Jahr, vier Monate davon unbedingt. Dazu kommt der Widerruf einer offenen Vorstrafe von vier Monaten. Franz V. wird dagegen freigesprochen.

Eskalierter Streit um ein Finanzamt

Ein lokalhistorischer Disput hat Karl E. vor Richter Johannes Varga gebracht, denn in der Nacht des 6. Mai entzündete sich im „Mortara Beisl" in Wien-Brigittenau ein Streit unter Gästen, ob sich einst ein Finanzamt gegenüber des Lokals befunden hatte. Am Ende standen eine Drohung mit einem eingeklappten Butterflymesser und ein üppiger Polizeieinsatz.

Der 48-jährige Unbescholtene war mit seiner Lebensgefährtin und drei Bekannten in die Gaststätte gekommen, so viel steht fest. Der an schweren Rückenschmerzen leidende E. weiß selbst, dass die Kombination aus morphinhaltigen Schmerztabletten und Alkohol keine Jahrhundertidee gewesen ist. „Es woa a bleder Obend, i hob leider zvü Schnopps trunken", gibt er zu.

Die Konsequenz der Mischung: E. kann sich nicht mehr an sehr viel erinnern. Dass er aber eine Waffe aus der Hosentasche genommen und gedroht hat, kann er sich nicht vorstellen. „I wor sicha ned höflich", konzediert er, will aber seinem Kontrahenten eine andere Tötungsmethode in Aussicht gestellt haben. „Vielleicht hob i gsogt: ‚I reiß da den Schädl oh und scheiß da ins Gnack.'"

Er sei sich jedenfalls keiner Schuld bewusst gewesen, als plötzlich Polizisten im Lokal erschienen und ihn festnahmen. Wie er sich dabei verhielt, wurde unterschiedlich wahrgenommen. Die Kellnerin sagt, E. habe sich „mit Händen und Füßen gewehrt", einer seiner Bekannten dagegen, er habe die Beamten nur weggedrückt und sich mit den Worten „Wos woids ihr vo mia?" nach deren Begehr erkundigt.

Vor dem Lokal wurde die Festnahme ausgesprochen, der Angeklagte behauptete danach, er sei von drei Beamten dabei geschlagen worden, was ihm zusätzlich die Anklagepunkte der Verleumdung und der falschen Beweisaussage einbrachte. Denn obwohl er unmittelbar nach der Amtshandlung ins Krankenhaus gebracht wurde, konnten die Ärzte keine Verletzungsspuren entdecken. Auch seine Lebensgefährtin, die die Szene beobachtete, sagte bei ihrer ersten Einvernahme zunächst nichts von Schlägen, vor Gericht behauptet sie nun, mehrere gesehen zu haben.

Einig sind sich die Stammgäste des Lokals und die Kellnerin, dass E. normalerweise nicht so sei. „Er hat eigentlich immer relativ gut ghurcht, aber an diesem Tag leider nicht", erinnert sich die Bedienung. Die sich bei Richter Varga auch entschuldigt, da sie sich an den Wortlaut der Drohung nicht mehr genau erinnern kann. „Ich weiß nicht, ob er ‚umbringen' oder nur ‚i stich di oh' gesagt hat."

Einer von E.s damaligen Begleitern bricht eine Lanze für ihn. Der Finanzamtstreit sei nicht so schlimm gewesen. „Das war Kaffeehausgequatsche in leicht betrunkenem Zustand. Oder schwer betrunkenem Zustand", korrigiert er sich. Denn, so beschreibt er gegenüber dem Staatsanwalt den Illuminationsgrad der zahlenden Anwesenden: „Da hat es keine leicht Alkoholisierten mehr gegeben."

Der Angeklagte entschuldigt sich bei den Zeuginnen und Zeugen für die Umstände, die sie wegen ihm haben. „I wor bummzua. I hob Tabletten gnumma", führt er an, was ihm von der Kellnerin die strenge Belehrung einbringt, dass Alkoholkonsum keine Ausrede sein könne.

Obwohl E. dabei bleibt, dass ihm die Polizisten bei der Festnahme erhebliche Schmerzen zugefügt hätten, ergibt sich der ohne Anwalt Erschienene am Ende seinem Schicksal beziehungsweise Richter Varga. „Doss i a Strof kriag, waaß i. Deppad wor i", sucht er keine Ausreden. Die Verurteilung zu neun Monaten bedingt akzeptiert er, mit der Verabschiedung „Herr Staatsanwalt, Herr Rat, tut mir leid für die Unannehmlichkeiten" verlässt er den Saal. Einst gab es übrigens tatsächlich ein Finanzamt in der Gegend.

Drohungen gegen „Drecksschlampe" und „Hurensohnschwiegermutter"

Martin E. war 16 Jahre lang mit Nicole E. zusammen, vier Kinder sind ein Ergebnis der Beziehung. Wie alt der Nachwuchs ist, kann der 33-jährige E. Richter Harald Kaml nicht verraten. Volljährig sei auf jeden Fall keines. Ein weiteres Ergebnis der Beziehung ist, dass der Angeklagte deren Ende nicht wirklich verkraftete – und am 6. und 7. März seine Ex-Freundin und deren neuen Partner via Postings auf seiner eigenen Facebook-Seite mit dem Tod bedrohte.

„Ich muss dazusagen, dass ich auch sehr alkoholisiert war", erklärt der geständige Frühpensionist. Eine Flasche Wodka habe er am Abend des 6. März getrunken, zum Frühstück am 7. gab es seinen Angaben nach eine zweite. Er könne sich daher nicht mehr wirklich erinnern, was er geschrieben und damit bezweckt habe.

Richter Kaml, die Staatsanwältin sowie Privatbeteiligtenvertreterin Elisabeth Bischofreiter glauben E. das nicht ganz. Sie vermuten vielmehr eine Schutzbehauptung. Denn E. konnte durchaus noch ein Smartphone bedienen und Wörter wie „Drecksfotze", „Hurensohnschwiegermutter" und „Drecksschlampe" fehlerfrei schreiben sowie eine Morddrohung mit dem Bild eines Messers kombinieren.

„Trinken Sie öfters Alkohol?", interessiert sich Kaml. „Drei bis vier Mal pro Woche." – „Wie viel?" – „Na ja, schon zehn Bier und eine Flasche Wodka." Das hänge damit zusammen, dass er nach der Trennung – Nicole E. kam mit dem besten Freund des Angeklagten zusammen – zunächst lange in einem

Männerwohnheim gelebt habe und erst seit zwei Monaten wieder die Freiheit einer Gemeindewohnung genieße.

Dank einer Substitutionstherapie sei er bezüglich illegaler Drogen aber clean, beteuert der Angeklagte. Dieser sagt auch, er habe nicht gewusst, dass seine Ex-Freundin die Drohungen ernst nehmen würde – schließlich leide er auch an paranoider Schizophrenie und habe schon während der Beziehung derartige Anwandlungen gehabt. „Hat sich Nicole E. früher auch schon gefürchtet?", fragt die Anklägerin daher. „Kann gut sein", gesteht Martin E. ein.

„Grantig" habe ihn auch gemacht, dass seine Ex-Partnerin ihn einige Wochen zuvor wegen Vergewaltigung in der Beziehung angezeigt habe – ein Vorwurf, den der wegen eines Drogendelikts Vorbestrafte vehement bestreitet. Ende Februar verhängte das Bezirksgericht ein Betretungsverbot gegen ihn, auch das kann er sich überhaupt nicht erklären. „Ich habe schon seit Jahren keinen Kontakt mehr zu ihnen."

Richter Kaml hakt nach und zitiert einen anderen Beitrag von E.s Facebook-Seite, der bereits vor den inkriminierten verfasst wurde. Offenbar gerichtet an einen seiner Söhne, schrieb der Floridsdorfer: „Gemma, Lukas, räch meine Familie. Und besorg dir eine Eisenstange, mein Markenzeichen, und prügel ihn raus aus dem Haus." E. gibt doch zu, dass ihn die Trennung auch gekränkt habe.

Nachdem gemeinsame Bekannte Nicole E. auf die Postings aufmerksam gemacht hatten, erstattete deren neuer Partner am 7. März Anzeige, noch am selben Tag wurde die Untersuchungshaft verhängt.

Die ihm nun auf die Strafe angerechnet wird: Kaml verurteilt Martin E. zu einem Jahr Haft, drei Monate davon sind unbedingt. Den Opfern muss er 200 Euro zahlen.

Dazu kommen eine Reihe von Weisungen: Er darf keinen Alkohol konsumieren, muss seine ambulante Drogentherapie fortsetzen, eine Psychotherapie machen, darf die Opfer nicht kontaktieren und sich nicht in ihrer Nähe aufhalten. Ein Bewährungshelfer soll ihn dabei unterstützen und auch dafür sorgen, dass E. sein Leben besser in den Griff bekommt.

Der eskalierte Ticketkauf im Westbahnhof

Der Verkehrsverbund Ostregion (VOR) ist eine feine Sache, ermöglicht er doch die Benützung verschiedener öffentlicher Verkehrsmittel mit nur einer Fahrkarte. Für Sebastian R. endet der Versuch, ein Monatsticket zu erwerben, allerdings vor Richter Stefan Renner. Der 23-jährige Niederösterreicher soll einen VOR-Mitarbeiter nämlich gefährlich bedroht haben.

Es war am 5. November kurz vor 18 Uhr, als R., der sich schuldig bekennt, in der Verkaufsstelle am Westbahnhof eintraf. Der unbescholtene Niederösterreicher wollte nach seinem Arbeitstag noch rasch das Monatsticket kaufen, ehe er zu seinem Zug musste. „Der Service-Mitarbeiter vom VOR hat irgendeinen Ort gesagt, von dem ich noch nie gehört habe, und ich wollte fragen, ob das mit den Zonen eh stimmt", erinnert sich der Angeklagte.

„Der Herr wurde relativ schnell unangenehm und unfreundlich", erzählt R. weiter. „Was hat er gesagt? Damit ich mir das vorstellen kann", erkundigt der Richter sich. „Gschissena Vogel, zum Beispiel", schildert der Angeklagte einen eher wenig serviceorientierten Umgangston. „Das Gespräch hat sich relativ schnell hitzig entwickelt", gibt der Angeklagte zu.

An seine genauen Äußerungen kann R. sich nicht mehr erinnern, er stimmt aber zu, dass es sinngemäß gewesen sei: „Du brauchst dich nicht wundern, wenn du eine auf die Pappm bekommst", schließlich gäbe es auf dem Westbahnhof genügend schlecht beleumundetes Publikum, die er „alle" kenne.

„Der Herr hat dann gesagt, dass er Security und Polizei ruft, und ich habe zugestimmt, da ich wissen wollte, ob es korrekt ist, dass er mir seinen Namen oder seine Dienstnummer nicht sagen muss, damit ich mich beschweren kann. Es ist korrekt", erfährt man.

Wegen des Disputs verpasste R. allerdings seinen Zug, während der Wartezeit auf den nächsten kam es vor dem Bahnhofsgebäude gegen 18.30 Uhr zu einem neuerlichen Zusammentreffen. Der Angeklagte gesteht, auch dabei Drohungen ausgestoßen zu haben, unter anderem bei seinem Abgang: „Man sieht sich wieder. Wenn man am wenigsten damit rechnet!"

„Sie sind unbescholten? Wieso machen Sie sowas?", will Richter Renner wissen. „Ich war nach der Arbeit gestresst, es war eine hitzige Diskussion und ich hatte ein oder zwei Bier getrunken", lautet die Antwort. „Und muss ich mir Sorgen machen, dass sowas wieder passiert?", fragt Renner weiter. „Nein, das ist mein erstes Vergehen und es bleibt hoffentlich dabei", gibt sich der Angeklagte vorsichtig optimistisch.

Franz R., der Bedrohte, erinnert sich als Zeuge an einen etwas anderen Gesprächsverlauf. „Es gab einen Streit um den Preis der Monatskarte. Ich habe dem Herrn dann gesagt, dass er sich sein Ticket auch am Automaten kaufen kann, es war ja schon kurz vor 18 Uhr", erzählt der 57-Jährige.

Die Drohung vor dem Bahnhof habe ihn aber dann geängstigt: „Ich habe mich ein paar Tage immer umgedreht, man weiß ja nicht, wie ernst das ist." Renner erklärt dem Zeugen, dass er an eine Diversion denkt, zu der er sich als Opfer ebenfalls äußern kann. Der Service-Mitarbeiter hat kein Problem damit und nimmt auch die Entschuldigung des Angeklagten an.

„Es is afoch passiert. Wir können ja amoi auf a Bier gehen!", bietet der Zeuge R. noch an.

Einen Handschlag verhindert Verteidiger Wolfgang Bernt unter Verweis auf Covid-19 noch rechtzeitig, ehe er seinem Mandanten die 200 Euro Prozesskostenbeitrag vorstreckt, damit Renner den Beschluss über die vorläufige Einstellung des Verfahrens gleich ausstellen kann.

Prozess um transdanubisches Beziehungsgeflecht

Manche Prozesse sind eigentlich todtraurige Geschichten, die dennoch ziemlich amüsant sind. Wie das Verfahren gegen Astrid R., das Richterin Claudia Zöllner führt. Die Angeklagte ist 51 Jahre alt, Pensionistin und leidet an Alkoholabhängigkeit. Was sie zum zweiten Mal vor Gericht bringt. Sie soll die Schwester ihres Exfreunds in einer SMS mit dem Umbringen bedroht haben.

R. erscheint mit Verspätung – statt zum Landesgericht ist sie zum Justizpalast gefahren, wie sie sich aufgeregt entschuldigt. „Dort habe ich meine Berufungsverhandlung gehabt", erklärt sie. Die Angeklagte ist nämlich vorbestraft: Wegen Körperverletzung, Sachbeschädigung und gefährlicher Drohung wurde sie im vergangenen November zu fünf Monaten bedingt verurteilt – für die Begehung einer Straftat im Zustand voller Berauschung. Das Opfer damals: Felix K., der Exfreund.

„Dann erzählen Sie einmal über Ihr Verhältnis zum Felix", muntert Zöllner Frau R. auf. „Wir waren zweieinhalb Jahre zusammen. Bis vor zwei Jahren. Danach haben wir uns immer wieder gesehen." Ein beziehungsstiftendes Element dürfte dabei der Rausch gewesen sein. „Ist der Alkohol ein Problem?", fragt Zöllner. „Ja." – „Warum machen Sie dann keine Therapie?" – „Ich war voriges Jahr eh drei Monate in Kalksburg. Aber wenn ich feiere, dann kommt das irgendwie durch." Seit einem halben Jahr habe sie aber keinen Rausch mehr gehabt, beteuert sie.

Am Tattag, dem 4. Dezember, traf sie sich mit Herrn K. in dessen Haus. Das liegt in Transdanubien, genauer: in Wien-Donaustadt, wo alle Beteiligten wohnen. „Wir wollten einen Wiederstart probieren. Leider", erzählt die Angeklagte. „Ich bin irgendwann zu Mittag gekommen, er war schon betrunken und hat in Unterhosen aufgemacht. Er hat eine Lieferung von einem Winzer gehabt und gesagt, da müssen wir uns durchkosten."

Die Kostprobe uferte aus. „Um sechs Uhr waren wir dann schon ziemlich daneben", gibt Frau R. zu. Während des Gelages entwickelte sich, wie schon öfters, ein unfreundlicher SMS-Verkehr zwischen der Angeklagten und der Schwester des Freunds. Warum, ist irgendwie nicht ganz klar. Die beiden Damen haben sich nur zweimal im Leben persönlich gesehen. Frau R. betont, die Schwester habe ihr vor Monaten unmotiviert eine beleidigende Botschaft geschickt.

Die als Drohung zur Anzeige gebrachte Nachricht ist, gelinde gesagt, ein wenig kryptisch. „Ruhe sonst kommen ICH MIT m kurzen geladenen VORBEI absolut letzte Warnung", lautet der Text. „Es tut mir leid, ich war betrunken", bedauert die Angeklagte. Sie habe es aber nicht wirklich ernst gemeint. Eher lustig. „Ich komme aus Kärnten, wissen S' eh, Villacher Fasching", bietet sie als Erklärung an.

Dann tritt die Schwester als Zeugin auf. „Vor einigen Jahren war mein Bruder kurz mit der Dame liiert", drückt sich die tief gebräunte Lehrerin gewählt aus. „Ab etwa 2014 habe ich dann eigenartige SMS von ihr bekommen. Telefonisch wurde mir sogar unterstellt, dass ich mit meinem eigenen Bruder Geschlechtsverkehr habe!", empört sich die 55-Jährige.

Schriftlich kann sich die Zeugin dagegen durchaus unfeiner ausdrücken, wie sich aus den gesicherten SMS ergibt. Zum Beispiel so: „Ausserdem gehst du uns dauernd am orsch du besoffene hure. Kannst eh nur saufen und die beine breit machen. Was anderes kannst du eh nicht." Oder, prägnanter: „Geh scheißen du sau." Beziehungsweise durchaus bedrohlich: „Pass auf wie du sprichst. Sonst siehst du bald das gras von unten wachsen du Parasit. Was du kriegst ist eine in deine blöde Fresse du blöde Sau."

Zur letzten Nachricht will die Pädagogin keine Aussage machen, um sich nicht selbst belasten zu müssen. Dafür stellt sie mit Vehemenz klar, dass sie die inkriminierte Nachricht als massive Drohung empfunden habe.

Felix K. kommt recht gut gelaunt und erzählt, er habe sich vor drei Jahren von Frau R. getrennt. Was diese zum wiederholten Mal zu einem Zwischenruf samt folgender Ermahnung durch die Richterin treibt. K. ist sich aber bezüglich des Termins sicher, er sei Ende Juli 2014 mit seiner neuen Freundin zusammengekommen.

Die Angeklagte sei aber hartnäckig geblieben, behauptet er. Sogar eine Stalking-Anzeige hat er heuer bereits erstattet. Zöllner kommt das seltsam vor. „Aber am 4. Dezember war sie bei Ihnen", hält sie dem Zeugen vor. „Also haben Sie ja schon noch Kontakt gehabt." – „Könnte ich sagen, ja." – „Also ja oder nein?" – „Ja." – „Also haben Sie sie schon auch gesehen?" – „Ab und zu."

Die Aussage zerbröselt aber ziemlich, als die Angeklagte Richterin und Staatsanwältin ihr Mobiltelefon mit von K. gesandten Botschaften zeigt. Derer gibt es bis Ende Mai viele, die Inhalte sind für ein angebliches Stalking-Opfer erstaunlich. „Wann kann ich dich wieder anständig lecken und ficken?", lautet eine im März formulierte Terminanfrage.

„Haben Sie Ihrer Schwester gesagt, dass Sie Frau R. noch immer treffen?", fragt Zöllner den Zeugen. „Ich glaube schon." – „Die weiß aber nichts davon." – „Ah so. Ja, dann habe ich es vielleicht nicht gesagt", antwortet K. grinsend. Als die Angeklagte wieder dazwischenredet, verliert die Richterin kurz die Contenance. „Ich komm mir vor wie im Irrenhaus! Die Schwester kommt zum Handkuss, weil Sie nicht die Finger von der Angeklagten lassen können!", wirft sie dem Zeugen vor.

Da das ganze Beziehungsgeflecht zu unüberschaubar ist, fällt die Richterin schließlich einen rechtskräftigen Freispruch. „Ich kann nicht feststellen, ob Ihre Drohung ernst gemeint war", begründet sie. „Diese ganze Situation ist sicher nicht leicht für Sie. Er hat Ihnen Hoffnungen gemacht und seiner Schwester sicher nicht erzählt, dass er weiter mit Ihnen Kontakt hat", ist Zöllner überzeugt.

Sie hat auch noch einen Ratschlag für Frau R.: „Nehmen Sie keinen Kontakt mehr zu denen auf. Und keine SMS!" Weinend bedankt sich die Angeklagte: „Sie sind die Erste, die den Felix durchschaut hat. Ich glaube, der ist schizophren!", vermutet sie. Zöllner hat eine weniger pathologische Erklärung: „Er ist nicht schizophren. Er ist ein blöder Mann."

Bevor Frau R. den Saal verlässt, erlaubt sie sich noch eine persönliche Frage: „Frau Richterin, Sie sind aus Deutschland, oder?" Zöllners Reaktion:

„Nein. Ich bin nur nicht aus Kärnten, daher rede ich etwas anderes Deutsch."

Der Mann, der eine Straßenbahn stahl

Als der Gesetzgeber den Paragrafen für „unbefugten Gebrauch von Fahrzeugen" einführte, wollte er eher verbieten, dass jemand mit einem fremden Auto oder motorisierten Zweirad davonbraust. Das hat Clemens K. nicht gemacht. Denn das „Fahrzeug, das zum Antrieb mit Maschinenkraft eingerichtet ist" und das er widerrechtlich in Betrieb genommen hat, war eine Straßenbahn.

Der 36-Jährige sitzt nun also vor Richter Roman Palmstingl. Diesem kommt der Angeklagte vage bekannt vor. „Ich habe mir auch gedacht, ich kenne Sie", sagt K. zum Richter. Der Grund: Palmstingl hat ihn schon einmal zu acht Monaten bedingt verurteilt. Nun drohen dem Angeklagten bis zu zwei Jahre Haft.

Es geht um den Morgen des 20. Jänner in der Station Rodaun, der Endhaltestelle der Tramwaylinie 60 in Wien-Liesing. Der reguläre Fahrer der abgestellten Garnitur wollte seine fünf Minuten Pause zur Erleichterung seiner Blase nutzen.

„Auf dem WC habe ich einen Zug gehört. Ich habe mir nichts dabei gedacht und geglaubt, es ist der Folgezug, der in die Station einfährt", erinnert sich der Zeuge. „Als ich wieder hinaus bin, habe ich gemerkt, dass kein Folgezug da ist. Und mein Zug auch nicht."

Mit diesem fuhr zu diesem Zeitpunkt bereits der Angeklagte. „Wie ich zu der Blödheit gekommen bin, frage ich mich selbst", sagt K. dem Richter. Eine Rolle könnte gespielt haben, dass der ehemalige Angestellte der Wiener Linien am Vorabend Geburtstag gefeiert hat.

„Er hat in Maßen Alkohol getrunken", sagt seine Verteidigerin. Eine interessante Interpretation, es waren zweieinhalb Liter Bier und mehrere Schnäpse. Als K. daheim war, wollte er gegen seine Zahnschmerzen ein Schmerzmittel nehmen, verwechselte es aber mit einem Schlafmittel, behauptet er.

Müde hat es ihn offenbar nicht gemacht, er wollte um acht Uhr einkaufen gehen. Als er bei der Station stand, hat er sich offensichtlich erinnert, dass er noch einen „Aktivierungsschlüssel" für die Garnitur in der Geldbörse hatte.

Den besaß er, da ihm während seiner bis 2014 währenden Dienstzeit einmal ein Vorgesetzter einen zweiten dieser Schlüssel gab. Als K. das Unternehmen verließ, gab er ihn nicht zurück.

So konnte er also die Tür der Fahrerkabine aufsperren und die Straßenbahn starten. Da er auf seiner früheren Stammstrecke unterwegs war, gab es keine Probleme. „Waren Sie nicht betrunken?", fragt Palmstingl. „Fahren habe ich immer können", lautet die Antwort. „Ich habe sogar die Durchsage ‚Sonderzug' gemacht, als ich bei der ersten Station war."

Bei der zweiten verließ ihn der Mut. Er stellte den Zug ab und ging nach Hause. „Na servas", habe er sich gedacht, als er am nächsten Tag von seiner Tat im Radio hörte.

Der Richter fällt schließlich ein gerechtes und rechtskräftiges Urteil. Der Arbeitslose muss insgesamt 960 Euro Strafe zahlen.

Aus dem Leben des Blutchronikers, Teil 3

Ist es nicht furchtbar deprimierend, täglich mit den dunklen Seiten des Menschen konfrontiert zu werden? Von der Mehrheit der Exekutiv- und Justizbediensteten wird man wohl dieselbe Antwort wie von einem Reporter bekommen: Man gewöhnt sich daran. Einerseits hat man ja keinen Bezug zu Opfern und Angeklagten, andererseits entwickelt sich natürlich eine psychische Hornhaut. Interessanterweise gibt es aber oft einzelne Deliktsgruppen, die einem näher gehen als andere. Für mich ist zum Beispiel Kindesmissbrauch jenseits meiner Vorstellungskraft, daher kann ich emotionslos darüber berichten. Bei Kindesmisshandlungsprozessen ist es dagegen zwei oder drei Mal vorgekommen, dass ich den Saal verlassen musste, da mir übel wurde. Den Schmerz, mit einem Bügeleisen gebrannt zu werden oder einen Knochen gebrochen zu bekommen, kann ich nachvollziehen, und wenn das einem wehrlosen Kind zugefügt wird, beginnt sich mein Magen zu verkrampfen.

◄ VERHANDLUNGSSÄLE 01-102
VERHA DLUNGSSÄLE 103-107 |

Dass manche Prozessbeteiligte ihre Verhandlungssäle nicht finden, mag auch mit unvollständiger Beschriftung zu tun haben.

Kapitel 4:
Ein Fall für die Öffentlichkeit

Sehr oft sitzt man relativ allein im Zuhörerbereich eines Gerichtssaals. Maximal Kolleginnen und Kollegen anderer Medien, Angehörige der Prozessbeteiligten, Rechtspraktikanten und ehrwürdige Gerichtskiebitze, die ihre Pension nicht beim Wirten, sondern im „Grauen Haus" verbringen, kommen zu den Verhandlungen. Anders ist das bei den sogenannten clamorosen Prozessen: Darunter versteht man in der Juristerei jene Verfahren, die große öffentliche Aufmerksamkeit erwecken – sei es, da die angeklagte Tat besonders spektakulär gewesen ist oder Prominente eine Rolle spielen. Einige davon findet ihr hier versammelt, wahrscheinlich habt ihr sie sogar „live" verfolgt: der Doppelmord durch eine Eissalonbesitzerin, die korrupten Geschäfte eines Immobilientycoons und die Verurteilung eines zweifachen Olympiasiegers. Da diese Verfahren in der Regel mehr als einen Tag gedauert haben, fiel die Berichterstattung auch umfangreicher aus, daher sind die Geschichten in diesem Kapitel länger.

Estibaliz C.: Die toten Männer der Eissalonbesitzerin

„Puff, puff, diese Schüsse, und dann diese Leere." Eine Mineralwasserflasche und eine Packung Taschentücher hat Estibaliz C. auf der Brüstung vor dem Anklagestuhl. In den ersten Stunden ihres Prozesses wegen Doppelmordes braucht sie beides nicht. Bedrückt, aber nüchtern und luzide schildert sie dem Geschworenengericht unter Vorsitz von Susanne Lehr, wie und warum sie ihren Ex-Mann Holger H. und ihren Lebensgefährten Manfred H. ermordet hat.

Zu den Tötungen bekennt sie sich ohne zu zögern schuldig. Wobei: Schuld sind eigentlich die Männer, beginnend mit ihrem Vater, versucht sie eine Erklärung zu liefern. Eine Erklärung, warum sie nicht so sei, wie Staatsanwältin Petra Freh sie in ihrem Anklagevortrag skizziert hat: „Eine Angeklagte mit zwei Gesichtern. Die nette und liebe Nachbarin und die eiskalte und brandgefährliche Frau." Die beide Männer ohne Anlass und ohne Vorwarnung aus nächster Nähe mit Pistolenschüssen getötet hat.

Vorsitzende Lehr führt das Verfahren gründlich. Sie lässt C. ganz vorne beginnen. Wie sie 1978 in Mexiko geboren wurde, die Familie nach Spanien emigrierte, der Vater „ein Tyrann" gewesen sei. Ihre erste Beziehung dauerte fünf Jahre. Hochzeit und Kinder wollte der Freund aber nicht. Damals hatte sie erstmals „Überlegungen", wie sie es nennt – die Bremsschläuche beim Auto des Freundes zu manipulieren, nämlich.

Stattdessen trennte sie sich und zog nach Deutschland, wo sie im November 2001 Holger H.

kennenlernte und im Juni 2002 heiratete. Holger H. habe sich rasch verändert, sie ständig kritisiert und verspottet. Auch ihr Chef habe sich so verhalten, sie dachte daran, sein Geschäft anzuzünden.

Auch das tat sie nicht, sie zog hingegen 2005 mit ihrem Mann nach Wien, um einen Eissalon in Wien-Meidling zu betreiben. Der ging schlechter als erhofft, das Paar musste in ein notdürftig adaptiertes Lager ohne Fenster umziehen.

In jene Unterkunft, in der der große, massige Mann im April 2008 starb. Das Paar war schon geschieden, wohnte aber noch zusammen. Wenn C. bei ihrem neuen Freund schlief, wurde H. wütend, schildern die Angeklagte und ihr Verteidiger Rudolf Mayer, der sie gemeinsam mit Werner Tomanek vertritt. Auch am Tatabend habe es einen Streit gegeben. Und als Holger H. vor dem Computer saß, „habe ich seine Waffe gesehen, sie genommen und von hinten auf ihn geschossen", sagt sie.

Ob sie vorher schon daran gedacht habe, fragt Vorsitzende Lehr. „Ich habe mir gedacht, jeder hat diese Fantasien. Aber ich habe mir nie, nie gedacht, dass ich das tatsächlich mache." Der Tote liegt Tage herum, sie geht arbeiten, trifft den neuen Freund. „Ich habe mir eine Maske aufgesetzt." Am Ende zerstückelt sie die Leiche und betoniert sie in der Tiefkühltruhe ein.

So endete im November 2010 dann auch Manfred H., mit dem sie seit Mai 2009 zusammen war. Er versprach ihr ein Leben als Hausfrau und Mutter, angeblich ihr Lebensziel. Und er half ihr mit dem Eissalon, investierte 150.000 Euro. „Für mich war er wie Gott", sagt sie. Auch wenn er ihr vor anderen ihren

„wabbeligen Hintern" vorwarf, Affären hatte. „Was für einen Schluss haben Sie aus den Beziehungen gezogen?", fragt Lehr. „Ich dachte, ich bin schuld."

Eine Woche vor der Tat lernte C. via Internet einen neuen Mann kennen. „Der überlebende Lebensgefährte", wie Staatsanwältin Freh ihn nennt. Nach einem Streit habe sie H. im Schlaf erschossen, behauptet C. Die Anklage sieht einen kaltblütigen Mord. Denn die 34-Jährige habe sich schon im Vorfeld die Utensilien zur Leichenbeseitigung verschafft.

Das Ringen um die Deutungshoheit über den Charakter von Estibaliz C. geht auch am zweiten Tag des „Kellerleichen-Prozesses" im Großen Schwurgerichtssaal im Wiener Landesgericht weiter. Während die Staatsanwältinnen versuchen, die 34-Jährige als berechnende Mörderin darzustellen, ist das Verteidigerduo Rudolf Mayer und Werner Tomanek damit beschäftigt, ihre Klientin als Opfer ihres Leidensdruckes zu schildern.

Schon zu Beginn reagiert Mayer auf eine Geschworenenfrage vom Tag zuvor: Warum C. so ruhig und sachlich wirke? Die Lösung: Die Spanierin nehme einen ganzen Mix an Psychopharmaka, die sie dämpfen. Ihre Schilderungen, dass sie in der Haft auch regelmäßig zu Psychiatern und Psychologen gehe, kontert Anklägerin Freh wiederum damit, dass es bei den Gesprächen mit der Psychologin nicht um die Tat gehe, sondern um eine Art Haftbetreuung. Woher sie das weiß und ob die Psychologin von der Schweigepflicht entbunden wurde, bleibt offen.

Die Zeugenrunde beginnt mit der Befragung jener italienischen Polizeibeamten, die C. im Juni 2011 in Udine, wohin sie nach der Entdeckung der Leichen geflüchtet war, verhaftet haben. Ruhig, aber auch bestürzt sei die Angeklagte gewesen, schildert etwa Massimiliano O. Eine Kollegin von ihm beschreibt, dass C. die Angehörigen ihres zweiten Opfers leidgetan hätten. „Die Opfer nicht?", will Staatsanwältin Pulker wissen. „Nein, da hat sie nur gesagt, sie habe keinen anderen Ausweg gesehen."

Der mit Spannung erwartete Auftritt des nunmehrigen Ehemanns der Angeklagten ist kurz: Der 49-Jährige schaut beim Betreten des Saales kurz Richtung Anklagebank, verweigert die Aussage und geht, ohne seine Frau, die immer wieder nervös mit dem rechten Bein zuckt, nochmals anzusehen.

Die Aussagen von Ex-Partnern beziehungsweise Affären zeichneten von C. ein differenziertes Bild. Sie habe immer nur gemacht, was andere gesagt hätten, habe aber auf der anderen Seite „ein vorzügliches Eigenmarketing" betrieben, erzählt einer. Gleichzeitig bestätigte er, dass Manfred H., das zweite Mordopfer, herablassend und präpotent gewesen sei.

„Lieb, nett, sympathisch" sei sie gewesen, erklärt wiederum Alexander G. dem Geschworenengericht über seine Ex. Ein Jahr war er mit C. zusammen – dass sie in diesem Zeitraum ihren Ex-Mann Holger H. erschossen hat, sei ihm nicht aufgefallen, Verhaltensänderungen habe es nicht gegeben.

Diese Bandbreite an unterschiedlichen Beschreibungen von Angeklagter und Opfern zieht sich auch durch den dritten Verhandlungstag. Zum Beispiel betreffend des zweiten Opfers Manfred H., der im November 2010 im Schlaf erschossen wurde. „Er war hilfsbereit, freundlich, ganz normal", schildert Zeuge Stephan S., der das Paar kannte, da seine Lebensgefährtin so wie C. einen Eissalon betreibt. „Esti", wie die Angeklagte genannt wird, sei durchaus selbstbewusst bis dominant gewesen, sagen auch andere. Claudia D., die Lebensgefährtin von Stephan S., beschreibt zusätzlich: „Sie konnte auch sehr das kleine Mädchen sein, wenn sie von Manfred etwas unbedingt wollte."

Ganz anders erzählt das wiederum Beatrix P., eine der besten Freundinnen der Angeklagten: Manfred H. sei laut, polternd, ihr furchtbar unsympathisch gewesen. „Esti" habe sich ihm aber völlig untergeordnet. Als er von ihr mit der Begründung „Ab 30 werden die letschert" eine Brust-OP gefordert habe, sei sie selbst dabei gewesen, sagt die Zeugin. Dass die Spanierin in zwei Gesprächen mit ihr Tötungsabsichten geäußert habe, habe sie aber nicht ernst genommen.

Divergierend auch die Aussagen, wie C. nach dem Verschwinden von Manfred H. reagiert hat. Stephan S.: „In diesen Tagen war sie verzweifelt, ich habe ihr das geglaubt." Seine Partnerin Claudia D.: „Ich habe sie erstaunlich ruhig gefunden."

Wie man Bekannten erklärt, dass in einer Tiefkühltruhe Beton ist, erfährt man dank des Zeugen Peter K., der bei deren Transport vom einen in den anderen Keller geholfen hat. „Sie hat gesagt, der geistig verwirrte Sohn eines Baumeisters aus der Nachbarschaft habe da seinen Zement entsorgt und man brauche es noch für einen eventuellen Prozess."

Am vierten und letzten Tag kommt die psychiatrische Sachverständige Adelheid Kastner zu Wort. Exakt 31 Prozent betrage die Wahrscheinlichkeit, dass C. in den kommenden zehn Jahren rückfällig werde und wieder eine Gewalttat begehe, hat Kastner errechnet. Um sich gleich einzuschränken: Die zugrunde liegenden Modelle sind auf Männer genormt. Weibliche Mehrfachmörderinnen gibt es zu selten.

Doch selbst die 31 Prozent sagen nichts aus. Denn grundsätzlich beträgt das Risiko, dass jemand, der einen Menschen tötet, es auch ein zweites Mal tut, zwischen null und sechs Prozent. „Bei Frau C. sind aus diesen sechs Prozent aber schon einmal 100 geworden."

Kastner soll mit ihrem Psychogramm dem Gericht bei der Entscheidung über die Dauer der Haftstrafe helfen. Als Prämisse glaubt sie der Spanierin, dass in deren Familie die „männliche Dominanz als Weltbild" vorgeherrscht habe. Und „akzeptierte Weiblichkeit" sowohl Attraktivität als auch Anpassung verlange. C. habe sich auf der „frenetischen Suche nach externen Selbstwertstabilisatoren" befunden. Und diese Faktoren waren ein Mann und ein Kind.

Das mörderische Problem: Wenn der Partner nicht ihrem Idealbild entsprach, konnte sie sich nicht einfach von ihm trennen, wenn es Schwierigkeiten gab. Die Probleme konnten ganz unterschiedlich sein: Sei es, wie beim ersten Opfer, Ex-Mann Holger H., der nicht ausziehen wollte. Sei es, wie beim zweiten Opfer, Manfred H., der viel Geld in das Lokal investiert hatte.

„Die Beziehungen müssen sich für sie angefühlt haben wie ein Käfig. Welche Lösungen gibt es dann? Das Verfallen in eine Depression, Selbstmord, oder sich des Partners zu entledigen." C. wählte den dritten Weg. „Es gab dabei eine Linie: Fantasie, reale Möglichkeit, echte Lösungsalternative, Gewissheit und schließlich die Handlung", meint Kastner. Und für sie ist damit auch klar, dass die Angeklagte zurechnungsfähig sei. Denn: „Sie hat die Taten durchgespielt und sie rational einordnen können." Und: „Es war ihr immer klar, was Recht und Unrecht ist."

Spätestens die zweite Tat könne kein Affektdelikt mehr gewesen sein – hatte sie sich doch bereits im Vorfeld Plastikplanen besorgt und die im Schlafzimmer ausgelegt. Ihrem Partner erklärte sie, sie wolle den Raum ausmalen. „Aus der ersten Tat hat Frau C. gelernt: Sie hat die Situation nach der zweiten Tat rascher und effizienter bereinigt."

Die Beseitigung der ersten Leiche müsse für sie nämlich grauenhaft gewesen sein – sie versuchte sie zunächst in ihrer Wohnung zu verbrennen, eine durch den Rauch alarmierte Nachbarin läutete an der Wohnungstür, konnte von C. aber mit einer Ausrede beruhigt werden. Diese Erfahrung sei wohl der Grund gewesen, warum sie dreimal einen Psychiater aufsuchte – der eine Depression diagnostizierte, mutmaßt Kastner.

In Wahrheit sei ihr Verhalten „Narzissmus pur", sie stelle die eigenen Bedürfnisse absolut über alles andere. Dazu komme aber gleichzeitig die Abhängigkeit von den Partnern. Kastners Conclusio: C. leide an „einer gravierenden, umfassenden, vielgestaltigen Persönlichkeitsstörung". Eine Einsicht fehle ihr bisher, ein Heilungsversuch mittels Psychotherapie „dauert sicher Jahre".

Nach gut einstündiger Beratung fällen die Geschworenen ein einstimmiges Urteil. Sie folgen den Anklagevertreterinnen und verhängen neben lebenslanger Haft auch die Einweisung in eine Anstalt für geistig abnorme Rechtsbrecher.

Aus der Frau C. übrigens noch einmal ins Landesgericht für Strafsachen Wien zurückkam. Ein Boulevardmedium hatte sehr ausführlich über ihr Privatleben und die Geburt ihres Kindes hinter Gittern berichtet. Zu ausführlich, wie sie fand, daher klagte sie nach dem Mediengesetz.

Als sie von den Justizwachebeamten in den kleinen Verhandlungssaal geführt wird, nimmt sie zielstrebig auf der Anklagebank Platz. „Nein, diesmal nicht, Sie sitzen hier neben Ihrem Anwalt", klärt sie der Richter über ihren neuen Status als Privatanklägerin auf, ehe er die Öffentlichkeit ausschließt. Das Verfahren gewann C. und bekam eine Entschädigung zugesprochen.

Korruption in höchsten Kreisen

Herr B. starrt entgeistert. Was verständlich ist, schließlich hat ihn Richterin Marion Zöllner gerade – nicht rechtskräftig – zu zwölf Monaten bedingter Haft verurteilt. Und in ihrer Begründung ausgeführt, es sei „ein Musterfall für Korruption", der zu dieser Entscheidung geführt hat.

Aber der Reihe nach. Um 9.40 Uhr beginnt am Wiener Landesgericht das Verfahren gegen B. und Michael P., einen Innsbrucker Steuerberater. Der Vorwurf: P. soll dem kroatischen Ex-Ministerpräsidenten Ivo Sanader im Auftrag B.s 150.000 Euro vertraglich zugesichert haben. Falls Sanader es schaffe, ein Steuerverfahren in Italien gegen eine Gesellschaft des Konzerns von B. zu beschleunigen und zu einem positiven Ende zu bringen. Der Verdacht von Staatsanwalt Eberhard Pieber: Sanader sollte für eine „verbotene Intervention" bei italienischen Beamten sorgen.

Beide Angeklagten leugnen. Es habe einmal ein rein zufälliges Treffen zwischen P. und B. gegeben, Letzterer habe dabei en passant über die Steuerprobleme geklagt. Ohne Auftrag wollte P., der ebenso nicht rechtskräftig zwölf Monate bedingt ausfasst, helfen, erzählt er der punktgenau nachfragenden Richterin. Auf legalem Weg, über einen italienischen Steuerberater. Leider kannte er keinen. Und da dachte er an seinen alten Freund Sanader. „Warum sollte ein Kroate gute Kontakte in Italien haben?", wundert sich Zöllner. „Weil er Kontakte zu Berlusconi hatte. Der hätte vielleicht einen guten Steuerberater gekannt."

Von wem die versprochenen 150.000 Euro hätten kommen sollen? In dem Vertrag steht schließlich, er sei von B.s Konzern beauftragt. „Ich habe mir gedacht, ich gehe mit dem ganzen Paket zu B. und frage, ob sie zahlen." Ob ihm der Betrag für die Suche nach einem Steuerberater nicht außergewöhnlich hoch vorgekommen sei, bohrt Staatsanwalt Pieber nach. „Das weiß ich nicht."

B. wiederum sieht sich als Opfer. Ja, er habe mit P. beiläufig gesprochen. Aber dass dieser hinter seinem Rücken einen Vertrag abschließt, habe er nicht gewusst. Er könne dessen Beweggründe auch nicht nachvollziehen. Dass ihn Sanader später auf die Steuergeschichte angesprochen habe, habe ihn nicht verwundert.

Richterin Zöllner glaubt das nach 20 Minuten Pause nicht. Es gebe keinen Grund, warum P. in den Vertrag schreibt, er sei beauftragt worden – er selbst hätte das Geld gar nicht aufbringen können.

Das Duo ist mit dieser Entscheidung nicht einverstanden und beruft. Auch diese Verhandlung am Oberlandesgericht Wien ist dann durchaus interessant:

„Nein", antwortet B. knapp auf die Bitte um eine Stellungnahme, während er, umgeben von seinen Mitarbeitern, Richtung Ausgang des Wiener Justizpalastes eilt. Er will nicht kommentieren, dass die Verurteilung zu zwölf Monaten bedingter Haft rechtskräftig geworden ist.

Kurz davor sitzt B. noch im Saal E und knetet seine Hände, während er emotionslos dem Urteil von Ingrid Jelinek, der Vorsitzenden des Schöffensenates 19 am Wiener Oberlandesgericht, lauscht. Nur wenige Worte waren es eigentlich, die ihm und dem Erstangeklagten Michael P. zum Verhängnis wurden. Nämlich, dass ein italienisches Steuerverfahren gegen eine Firma aus B.s Imperium nicht nur beschleunigt, sondern auch „zu einem positiven Abschluss gebracht" werden solle. So lautet die Passage, die sich in einem Vertrag zwischen P. und dem ehemaligen kroatischen Ministerpräsidenten Ivo Sanader, in dessen Safe das Schriftstück gefunden wurde, findet. Ebenso, dass P. im Auftrag von B.s Firma handle. Und dass Sanader im Falle des Erfolges 150.000 Euro erhalten würde.

B.s Verteidiger Ernst Schillhammer lässt in seinen Eröffnungsworten kein gutes Haar an der erstinstanzlichen Entscheidung: „Das Urteil ist falsch." 60 Seiten umfasst sein Schreiben an das Gericht, mit dem er seinen Mandanten vor der Vorstrafe bewahren will. Privatgutachten würden zeigen, dass B.s Verhalten, selbst wenn die Anklage zutreffen würde, zum Tatzeitpunkt im Jahr 2009 gar nicht strafbar gewesen sei. Aber vor allem könne sein Mandant kein Bestimmungstäter sein, da er von nichts wusste.

Oberstaatsanwalt Eberhard Pieber ist überzeugt, dass es nicht nur um fromme Wünsche gegangen ist. „Wie ernst Sanader das genommen hat, zeigt sich schon daran, dass er den Vertrag in seinem Safe eingeschlossen hatte." Der eigentliche Hintergrund sei klar: Eine Beamtenbestechung sei geplant gewesen. „Man zahlt schließlich keine 150.000 Euro für die Suche nach einem Steuerberater."

Nach gut zehn Minuten Beratung folgt der Senat Piebers Argumenten. „Kein Mensch kann ernsthaft denken, dass es bei dem Vertrag nur um den Versuch der Beschleunigung des Verfahrens gegangen ist", begründet Jelinek. „Schon die einfachsten Regeln der deutschen Sprache zeigen, dass P. intervenieren wollte."

Es sei „eine lebensnahe und realistische Bewertung durch die Erstrichterin" – dass die Kette nämlich von B. über P. über Sanader zu einem italienischen Beamten verlaufen hätte sollen. „Und auch bei einer Kettenbestimmung sind alle beteiligt", führt sie weiter aus, während Schillhammer bereits seine Akten vom Tisch räumt.

Der Dreifachmord im niederösterreichischen Schloss

„Erstens: Es ist nichts Schreckliches passiert, Sie haben etwas Schreckliches getan. Und ‚nicht schön' ist eine Untertreibung, wenn man sich die Tatortbilder anschaut", korrigiert Vorsitzender Martin Bodner an einer Stelle den Angeklagten Johann Anton G. in dessen Prozess vor einem Geschworenengericht in Korneuburg. Staatsanwältin Anna Weißenböck wirft dem 55-Jährigen dreifachen Mord vor, nachdem er eingestandenerweise am 13. Dezember seinen Vater, seine Stiefmutter und seinen Bruder mit einem Schrotgewehr erschossen hat.

Sorgt ein Dreifachmord per se schon für öffentliches Interesse, spielt in diesem Fall eine wesentliche Rolle, dass das im April 1919 kundgemachte Adelsaufhebungsgesetz sich vielleicht doch nicht so richtig durchgesetzt hat. Denn der Tatort war ein Schloss der Familie in einer kleinen Weinviertler Gemeinde, die Familienangehörigen wurden im Ort „Graf" und „Gräfin" genannt, selbst die Anklägerin verweist im Eröffnungsvortrag darauf, dass die weitverzweigte Familie G. „ein aus Portugal stammendes Adelsgeschlecht" sei.

Wie sich im Prozessverlauf zeigt, sind die sogenannten „besseren Kreise" aber auch nur Menschen. Die Hassliebe zu seinem 92 Jahre alten Vater sei der eigentliche Hintergrund für die Tötung, versucht Peter Philipp, der gemeinsam mit Arthur Machac G. verteidigt, die Laienrichter zu überzeugen. Es handle sich also nicht um den angeklagten Dreifachmord, sondern um Totschlag, zu dem sich der Angeklagte auch schuldig bekennt.

Seit 20 Jahren sei er gemeinsam mit dem Bruder Geschäftsführer des land- und forstwirtschaftlichen Betriebes gewesen, der im Eigentum der Familienstiftung stand, erzählt er zu seinem beruflichen Werdegang. Zwei Versuche, mit eigenen Firmen zu reüssieren, waren davor gescheitert. Er habe sich zuletzt vor allem um die Renovierung und Vermietung von Nebengebäuden des Schlosses gekümmert, dabei sei es immer wieder zu Konflikten mit dem Patriarchen gekommen.

Der habe es nach Gutsherrenart nicht für notwendig befunden, Baugenehmigungen einzuholen oder Denkmalschutzauflagen zu befolgen, behauptet der Angeklagte. Immer wieder sei der Vater mit der Gemeinde und anderen Behörden im Clinch gelegen, „ich habe es dann planieren müssen“. Es sei überhaupt so gewesen: Gab es Probleme, trug aus Sicht des Vaters er die Verantwortung, gab es Erfolge, verbuchte sie der Vater für sich selbst. „Der Vater hat meine Leistungen nie gewürdigt“, stößt G. einmal hervor und bricht in Tränen aus. Den Bruder habe er dagegen geliebt, beteuert er, die Stiefmutter sei ihm egal gewesen.

Am Tattag haben er und die drei Opfer wie öfters im Speisesaal das von der Haushälterin servierte Mittagessen zu sich genommen, danach wechselte man routinemäßig ins Kaminzimmer, um Kaffee und Kuchen zu sich zu nehmen und Geschäftliches zu besprechen.

Diesmal ging es um den Speisenaufzug, den der Vater in den denkmalgeschützten Mauern des Schlosses einbauen hatte lassen, obwohl noch nicht alle Bewilligungen da waren. G. hatte nach seiner Darstellung dem Vater einen Briefentwurf übermittelt, in dem der Baubeginn auf den 17. Dezember datiert wurde – der Vater war mit dem Entwurf nicht einverstanden, es kam zum Streit.

Plötzlich ging es angeblich nicht mehr nur um den Lift, sondern auch um die Kinderlosigkeit von G. und die Berufstätigkeit seiner Gattin. Auch Stiefmutter und Bruder mischten sich in die Diskussion ein. „Es ist immer mehr und mehr geworden, mir ist alles zu viel geworden", sagt der Angeklagte nun. Dann sei ihm der Gedanke gekommen: „Ich muss alle drei erschießen." Er verließ das Kaminzimmer, holte aus dem Waffenschrank im „Telefonzimmer" eine zweiläufige Bockflinte, lud sie, steckte einige Patronen ein und ging wieder nach oben.

Zuerst erschoss G. seinen 52 Jahre alten Bruder, dann den Vater und schließlich die gehbehinderte 87-jährige Stiefmutter, dazwischen lud er zweimal nach. „Man könnte die Reihenfolge auch logisch interpretieren – Sie haben zuerst den gefährlichsten Gegner getötet und die, von der am wenigsten Gegenwehr zu erwarten ist, am Ende", hält ihm Vorsitzender Bodner vor. Der Angeklagte bestreitet das, er habe seinen Bruder als Erstes erschossen, da der am nähesten bei der Tür saß.

Er habe „einfach Schluss machen wollen", argumentiert der Angeklagte. „Da hätte es ja gereicht, den Raum zu verlassen. Aber Sie sind ja wieder zurückgekommen", kontert Bodner. „Es ist logisch nicht zu erklären", sagt G. mit leiser Stimme.

Er und seine Verteidiger bieten aber eine andere Erklärung: Nach einem lebensgefährlichen Aortariss im August 2017, nach dem er zehn Minuten reanimiert werden musste, habe sich seine Persönlichkeit verändert. „Das hat auch meine Frau gemerkt. Ich war schneller reizbar, wegen Nichtigkeiten. Ich habe sie angeschrien, wenn sie beim Einkaufen keine Bananen oder kein Joghurt gekauft hat."

Für Verteidiger Philipp ist klar, dass die von einem psychiatrischen Sachverständigen festgestellte Zurechnungsfähigkeit seines Mandanten zum Tatzeitpunkt „sehr, sehr eingeschränkt" gewesen sei. „Es ist zu einer Art Explosion gekommen", ist der Jurist überzeugt.

Ein eher zwielichtiges Bild ergibt G.s Antwort auf die Frage des Privatbeteiligtenvertreters für die Familienstiftung. Wie sich herausstellt, hat der Angeklagte als letzter überlebender Stifter nämlich im Mai im Gefängnis die Begünstigten ändern lassen – auf sich und seine Ehefrau.

Wie man im Prozessverlauf erfährt, zeigte G. nach der Tat aber durchaus nobles Benehmen. Er legte die Schrotflinte auf den Schachtisch, ging in die Küche im Erdgeschoß und warnte dort die Haushälterin vor dem Anblick des Tatorts.

Staatsanwältin Anna Weißenböck plädiert in ihrem Schlussvortrag logischerweise für eine Verurteilung wegen Mordes. Sie konzediert zwar, dass der 55-jährige G. „kein gänzlich unsympathischer Angeklagter" sei, hält für die Geschworenen aber auch fest, dass der psychiatrische Sachverständige in seinem Gutachten festgestellt habe, die Tötung der Angehörigen sei „keine Affekttat gewesen". Im Gegenteil, es sei G.s bewusste Entscheidung gewesen, die auf eine „kaltblütige und äußerst brutale Art" umgesetzt wurde. Dafür könne es nur eine gerechte Strafe geben – die Höchststrafe.

Die Privatbeteiligtenvertreter, also die Anwälte der Hinterbliebenen und der Familienstiftung, wollen einiges von dem mit 145 Millionen Euro bezifferten Stiftungsvermögen. Allein 85.000 Euro habe das Begräbnis der 87 Jahre alten Stiefmutter des Angeklagten gekostet, rechnet ein Anwalt vor.

Der Vertreter der Stiftung will exakt 7.419,60 Euro für die Reinigung des Tatortes. Peter Philipp, gemeinsam mit Arthur Machac Verteidiger G.s, lehnt diese Forderung ab. „Wenn man dafür fast 8.000 Euro kriegt, werde ich auch Putzfrau!", liebäugelt er mit einem beruflichen Plan B.

Danach zieht er aber alle rhetorischen Register und versucht die Laienrichter davon zu überzeugen, dass sein Mandant in einer „allgemein begreiflichen heftigen Gemütserregung" seine Verwandten erschossen, also einen Totschlag begangen habe. Jahrelange Demütigungen des Vaters, eine Persönlichkeitsveränderung nach einem beinahe tödlichen Aortariss 2017 – all das sei zusammengekommen und G. zu viel geworden. „Menschlich und als Verteidiger bin ich überzeugt, dass diese Explosion der Auslöser für die fürchterliche Tat war."

Durchsetzen kann sich Philipp damit aber nicht – die Geschworenen sind überzeugt, dass es sich um dreifachen Mord gehandelt hat, die Strafe lautet lebenslange Haft, was später auch vom Oberlandesgericht Wien bestätigt wird.

Julia Kührer: Die verbrannten Gebeine im Weinviertler Erdkeller

„Frau Kührer, es tut mir leid, was mit Ihrer Tochter passiert ist. Aber ich habe mit ihrem Tod nichts zu tun und habe ihr auch keine Drogen gegeben!" Michael K. schaut Brigitte Kührer, die Mutter der toten Julia, unverwandt an, als er das nach deren Zeugenaussage sagt. Eine Reaktion erhält der 51-Jährige, der auch bei seiner Aussage vor dem Geschworenengericht in Korneuburg auf seine Unschuld pocht, nicht. Die 58-Jährige steht auf und verlässt wortlos den Saal.

Ihre Aussage trägt sie, ebenso wie ihr Mann Anton, relativ emotionslos vor. Julia sei eine Pubertierende gewesen, gelegentlich habe es Streit gegeben, nichts Dramatisches. In der Familie scheint es aber Kommunikationsprobleme gegeben zu haben, wie ein Widerspruch der Eltern zeigt.

„Unser Sohn hat mir im Frühjahr 2006 gesagt, dass der Thomas (Ex-Freund von Julia Kührer, Anm.) Drogen nimmt", erzählt die Mutter dem Schöffengericht in Korneuburg unter Vorsitz von Helmut Neumar. „Haben Sie Julia darauf angesprochen?", will der wissen. „Eigentlich nicht. Sie hätte wieder heftig reagiert, das wollte ich vermeiden." Sie habe es ihrem Mann gesagt – der beteuert aber, es erst von der Polizei erfahren zu haben.

Am Morgen des 27. Juni 2006, als sie verschwand, sagte Julia zu ihrer Mutter, sie wolle einen Termin bei einer Psychotherapeutin. „Sie wollte immer alles auf Druck machen. Das war mir aber zu eng, daher habe ich ihr gesagt, dass wir das später besprechen." Nachgefragt, warum ihre Tochter zu einem Arzt will, hat sie offenbar nicht – sie vermutete die in diesem Alter üblichen Stimmungsschwankungen.

Dass das aber kein lautstarker Streit gewesen sei, schwächt die Position des sehr sachlich agierenden Staatsanwaltes Christian Pawle ein wenig. Vermutet er doch, dass dieser Streit gemeinsam mit der kurz zuvor erfolgten Trennung von Thomas S. der Grund war, warum die 16-Jährige am 27. Juni 2006 am frühen Nachmittag in die Videothek des Angeklagten am Hauptplatz von Pulkau (Bez. Hollabrunn) gegangen ist. Um Drogen von ihm zu kaufen.

Eine Theorie, die von Zeugen aus Julias damaligem Freundes- und Bekanntenkreis in Zweifel gezogen wird. Denn: Keiner will je Drogen von dem 51-Jährigen, der als DVD-Michi bekannt war, angeboten oder verkauft bekommen haben. Der Haschischlieferant des 1500-Einwohner-Ortes war jemand anderes, wird einhellig bestätigt: Thomas S., der Ex-Freund Julias. Eine Zeugin berichtet zwar, sie habe „vom Hörensagen" gewusst, dass in der Videothek Rauschmittel verkauft werden. Eine andere, K. sei „dubios" gewesen. Nur eine Frau sagt dezidiert, dass eine Freundin von ihr vom Angeklagten sexuell belästigt worden sei.

Bei Thomas S. sind sich alle einig. „Er hat Sammelbestellungen aufgenommen, in einem Jahr 1,5 Kilo ausgeliefert", erzählt Zeuge Anton N., damals S.'s bester Freund. „Im Sommer 2006 bekamen wir Probleme, weil fast ganz Pulkau gekifft hat." Auch Kührer. „Und gab es auch Crystal Meth?", fragt Neumar. „Nein."

Diese Sache könnte an K. sehr wohl hängenbleiben. Denn fix ist, dass im Gehirn der Toten, die im

Sommer 2011 in einem Erdkeller auf seinem Grundstück entdeckt worden ist, Spuren der Droge entdeckt worden sind. Ebenso in DVD-Hüllen aus der
Videothek.

Das Mysteriöse daran: Wenn, dann hat K. die Sub-
stanz anscheinend nur an Kührer verkauft – zweimal
im Beisein von Alexandra W., die ihn belastet. Familie und Freunde des Opfers bekommen am Mittwoch
ein Foto von dieser gezeigt – niemand erkennt sie.
Allerdings weist Verteidiger Farid Rifaat darauf hin,
dass sie noch einen anderen „Namen" hat: „Vertrau-
ensperson 1009". Unfeiner ausgedrückt: Sie ist ein
Polizeispitzel.

W. erscheint am nächsten Prozesstag, nachdem
die Berufs- und Laienrichter noch mehr über den
Alltag in der 1500-Einwohner-Gemeinde Pulkau erfahren haben. „Dort war es also sehr locker", meint
Vorsitzender Neumar als Reaktion auf die Schilderung von Roland H., was man in der Videothek des
Angeklagten so erleben konnte. „A bissl Oberschen-
kel- und Brustgreifen hat schon jeder gesehen",
schildert der junge Mann fröhlich den Umgang von
K. mit jungen Frauen.

Weit weniger lustig findet das Magdalena M., als
sie aussagt. Sie machte im Jahr 2006 als 16-Jähri-
ge ein Praktikum bei dem 51-Jährigen, den sie, wie
fast alle jungen Menschen im Ort, kannte. „Er hat
mir einige Male auf den Hintern und die Brust gegriffen", sagt sie. „Kumm, Baby, blos ma an", habe er
einmal gesagt, ein andermal habe er vor ihr in der
Hose mit seinem Geschlechtsteil gespielt. „Pervers
war er Mädls gegenüber generell", sagt sie, im Sinne
von anstößig. „Die Schmähs waren immer unter der

Gürtellinie." Allerdings: „Die Burschen ham auch so geredet."

Der Pfarrer von Pulkau weiß ebenso Belastendes zu berichten. Im persönlichen Umgang sei K. immer höflich gewesen. Allerdings habe dessen junge Freundin, eine Tschechin, den Geistlichen einmal gefragt, ob sie sein Handy benutzen dürfe. „Sie hat gesagt, sie will ihre Freundin anrufen, da sie wegwill." Sie könne es nicht mehr aushalten, erklärte sie ihm. „Ihr Freund verlange von ihr Sachen, die sie nicht mehr machen will." Zwei oder drei Tage später war sie nicht mehr da.

Einige Wochen vor Kührers Verschwinden am 27. Juni 2006 habe es noch eine Auffälligkeit gegeben. Bei einem Besuch in der Videothek habe ihn K. auf die vorbeigehende Kührer aufmerksam gemacht: „Er hat gesagt, wie traurig und wie schön sie ist, und wusste auch, dass es mit ihrem Freund nicht so gut laufe."

Nach diesen Aussagen kann Staatsanwalt Christian Pawle frohlocken. Schließlich stärken sie seine Theorie, K. habe sich an Kührer herangemacht und sie wegen seines sexuellen Verlangens getötet. Kurz darauf muss er allerdings innerlich in bittere Tränen ausgebrochen sein: beim Auftritt der Hauptbelastungszeugin, laut der K. mehrmals Crystal Meth an Julia Kührer verkauft haben soll.

Denn Alexandra W. ist gelinde gesagt unglaubwürdig. Sie widerspricht sich massiv bei Daten, zu ihren Aussagen vor der Polizei und kann sich bei heiklen Details nicht mehr erinnern. Einerseits begründet sie die Lücken damit, dass sie die Sache „irgendwo verstaut" habe, andererseits mit einem

Gedächtnisverlust 2008 – der aber bereits vor ihrer Polizeiaussage war. Die Debatte um die Widersprüche führt zu einem wütenden Schlagabtausch zwischen Pawle und Rifaat.

Interessant ist, dass auch Magdalena M. über „Crystal" berichtet: Das Rauschmittel sei in einem anderen Pulkauer Lokal öfters von älteren Jugendlichen konsumiert worden. Woher es kam, weiß sie nicht, in der Videothek sei jedenfalls nie von Drogen oder deren Verkauf die Rede gewesen.

Auch am vierten Prozesstag zeigt sich, dass das Verfahren ein Kaleidoskop ist – mit jeder Zeugenaussage wandeln sich die Bilder in die eine oder andere Richtung. Kathrin K., eine Freundin Kührers, belegt die Version, die Staatsanwalt Pawle vom Angeklagten zeichnet. Sie schildert einen Besuch in dessen Videothek: „Er hat gesagt ‚Seid's schmutzig, darf ich euch abputzen?', und ist mit dem Staubsauger meine Brüste abgefahren", erzählt sie dem Gericht. „Dabei hat sich meine Kette verfangen und er hat mir ins Leiberl gegriffen, um sie zu lösen."

Von Vorsitzendem Neumar darauf angesprochen, leugnet K. jegliche sexuelle Konnotation – es sei aufgrund der beengten Platzverhältnisse ein Versehen gewesen. Erzählt hat das Mädchen von dem Vorfall damals niemandem – was ein Grundproblem von Pulkau zu sein scheint. Getuschelt wurde viel, offen gesagt praktisch nichts. Was unbegreiflich wird, wenn man Aussagen hört, die die Linie des leugnenden K. und seines Verteidigers Farid Rifaat stärken.

Nach dem Verschwinden der damals 16-jährigen Kührer kam einmal der Ex-Freund ihrer Tochter bei einer Veranstaltung zu ihr, schildert Zeugin Michaela T. „Er hat gefragt, ob er mich alleine sprechen kann, er müsse mir etwas Wichtiges sagen", erinnert sie sich. „Er hat aber verlangt, dass ich es niemandem erzähle." Nach der Zusicherung sagte der junge Mann ihr: „Ich war der Letzte, der Julia lebend gesehen hat. Ich war mit ihr im Wald einen Joint rauchen." Dann sei jemand dazugekommen, nachgefragt habe sie nicht mehr. Erst vier Jahre später meldete sie sich. „Warum?", will Neumar wissen. „In erster Linie, weil ich es ihm versprochen habe. Und zweitens glaubten wir, Julia sei weggelaufen." Der Jugendliche leugnet das Gespräch.

Eine andere Mutter gab gegenüber der Polizei ursprünglich an, sie vermute, ihr Sohn wisse mehr, als er sage, werde aber vom Ex-Freund Kührers unter Druck gesetzt. Im Protokoll steht sogar, ihr Sohn „decke" Thomas S. – vor Gericht schwächt sie die Aussage dann wieder ab.

Am fünften Prozesstag kommt es zum Auftritt des Ex-Freundes Thomas S., der sich einiges anhören muss. „Herr S., ich glaube Ihnen nicht!", schleudert Beisitzer Rainer Klebermaß dem Zeugen entgegen. Der 25-jährige reagiert darauf kaum. Erst als Klebermaß mit „Herr S., Sie verbergen uns etwas!" nachsetzt, folgt ein „Stimmt nicht" als Replik.

Der Grund für das Misstrauen des Juristen, der im Duett mit Vorsitzendem Neumar die Rolle des strengen „Bad Judge" innehat: die vagen Aussagen. „Ich habe der Julia nichts angetan", beteuert S. zwar. Gleichzeitig plagen ihn Erinnerungslücken, die einem Politiker in einem Untersuchungsausschuss zur Ehre gereichen würden. Weder weiß er, wo er zur Zeit von Kührers Verschwinden war, noch wann er von wem erfahren hat, dass sie weg ist. Die Beziehung zu der 16-Jährigen, die er am Tag, bevor sich Kührers Spur verlor, beendete, beschreibt er ambivalent.

Dass die Videothek des Angeklagten, wo Kührer laut der Theorie des Staatsanwaltes gestorben ist, ein beliebter Jugendtreffpunkt war, will S. nicht mitbekommen haben. Ob er einen Schlüssel zum Anwesen von K., wo 2011 die Leiche Kührers entdeckt wurde, hatte? Er eiert herum, legt sich aber schließlich darauf fest, keinen gehabt zu haben.

Dass er vier-, fünfmal auf K.s Grundstück war, gibt er zu. Da er testweise eine Cannabispflanze angebaut habe, die nach zwei Wochen verdorrt sei. K.s Vorwurf, er sei für die Zucht drei Monate lang täglich dort gewesen und habe einen Schlüssel gehabt, weist S. zurück.

Für Verwunderung sorgt die Aussage von Kurt L., dem Chefermittler im Fall Kührer. Er war 2010 mit Kollegen auf dem Grundstück und sah auch den Kellereingang. Obwohl der Besuch, dem K. freiwillig zugestimmt hatte, aufgrund des Hinweises stattfand, dass K. „ein dubioser Typ" sei und einen Erdkeller besitze, in dem Kührer liegen könnte, wurde das 15 Meter lange Gewölbe nicht betreten. Er habe wegen der Baufälligkeit „ein mulmiges Gefühl" gehabt, sagt der Polizist. „Im Nachhinein hätte ich es anders gemacht", gesteht er den Fehler ein.

Am sechsten Tag schlägt das Pendel dank Fliegenlarven wieder in Richtung Staatsanwaltschaft aus. Das kommt so: Sachverständiger Christian Reiter, der sich seit 35 Jahren mit insektenkundlichen Gutachten beschäftigt, erklärt dem Geschworenengericht unter

Vorsitz von Helmut Neumar, wann welche Insekten ihre Eier in Leichen ablegen. Dabei spielen Schmeiß- und Stubenfliegen eine entscheidende Rolle.

Aufgrund des Fundes von Larvenhüllen in der Nähe von Kührers Leiche und dem Entwicklungszyklus der Tiere kann der Experte sagen, dass die damals 16-Jährige frühestens zwei Tage nach ihrem Tod mit Diesel überschüttet und verbrannt worden ist.

Laut der Theorie des Angeklagten müsse sich der wahre Täter also Zugang zu seinem Grundstück verschafft und Kührers Überreste nach der versuchten Einäscherung im hinteren Bereich des Erdkellers verscharrt haben. Das Problem dabei: nicht nur, dass der Unbekannte sich Zugang zum Grundstück verschaffen musste. Er müsste auch eiserne Nerven gehabt haben. Denn der Brandsachverständige Christian Tisch hat rekonstruiert, wie die Leiche im Eingangsbereich des Erdkellers verbrannte.

Eingewickelt in eine blaue Decke wurde die Leiche mit Diesel oder Heizöl extraleicht übergossen und anschließend mit einem Molotow-Cocktail in Brand gesetzt, ist er sich sicher. Denn diese Theorie hat er in einer Replik des Tunnels überprüft, dabei entstand die gleiche Spurenlage wie am Fundort der Leiche.

Seine Erkenntnis: Das Feuer muss über zwei Stunden gebrannt haben, erst nach einer Minimalzeit von drei bis vier Stunden wäre der mit Rauchgasen gefüllte Keller wieder gefahrlos zu betreten gewesen. Ein Unbekannter hätte sich also lange auf dem Grundstück aufhalten oder mehrmals wiederkommen müssen – immer in Gefahr, von Nachbarn gesehen zu werden.

Weniger ergiebig ist die Expertise von Gerichtsmediziner Wolfgang Denk. Denn eine Todesursache könnte er am Skelett Kührers nicht mehr feststellen. Ein natürlicher Tod einer gesunden 16-Jährigen sei zwar höchst unwahrscheinlich, aber nicht auszuschließen. Etwa 20-mal komme das pro Jahr in Österreich vor.

Dass der Teenager erwürgt worden ist, sei aber ebenso möglich wie ein Tod durch Erstechen, falls nur Weichteile und beispielsweise keine Rippen oder die Wirbelsäule verletzt wurden. Selbst ein Faustschlag gegen den Kopf könne töten, ohne dass der Schädel bricht. Einen ausgeschlagenen Zahn wertet er als Indiz für einen Schlag – der Zahn könnte aber auch beim Sturz gegen eine Kante ausgebrochen sein.

Auch der letzte Verhandlungstag beginnt mit einem Gutachten: Sachverständige Katja Sterflinger referiert über Pilze, die auf einem Hocker wuchsen, der in dem Erdkeller auf dem Grundstück des Angeklagten sichergestellt wurde. Ihr Resümee – die Sporen müssen sich mindestens vor vier Jahren und sieben Monaten dort angesiedelt haben. Wirklich erhellend ist das nicht: Wegen der Schwankungsbreite kommt der Zeitraum zwischen Juni (als Kührer verschwand) und Oktober infrage.

Auch ein Polizeihundeführer kann nichts Substanzielles zur Wahrheitsfindung beitragen. Ein Leichenspürhund zeigte zwar im Keller von K.s Videothek „reges Interesse", schlug aber nicht an. Blutspuren wurden keine gefunden.

Also kommt es darauf an, wer den Laienrichtern die wahrscheinlichere Variante erzählen kann. Staatsanwalt Pawle versucht das zunächst mittels einer Powerpoint-Präsentation, bei der er das Haus von K. zeigt, um zu demonstrieren, dass man den Erdkeller nur über die Hofeinfahrt erreichen konnte. Zusätzlich seien auf dem Gelände scharfe Hunde gewesen. Also habe nur der 51-Jährige Gelegenheit gehabt, Kührers Leiche hinzubringen.

Pawle bietet auch eine lebendige Schilderung, wie er sich die Ereignisse am 27. Juni 2006 vorstellt. Die 16-Jährige sei auf dem Hauptplatz von Pulkau aus dem Bus gestiegen, 200 Meter weit gegangen, um beim Angeklagten Crystal Meth zu kaufen. In dem Geschäftslokal habe K. Sex für die Drogen gefordert; als sie sich weigerte, schlug er ihr erst mit der Faust einen Zahn aus und erwürgte sie dann. Die Leiche versteckte er im Keller der Videothek, ehe er sie auf sein Grundstück brachte, verbrannte und verscharrte. Auf einer Decke, in die die Leiche gehüllt war, seien seine DNA-Spuren gesichert worden.

Rifaat kontert, indem er Indizien und Zeugenaussagen in Zweifel zieht. So stringent die Version des Staatsanwaltes ist – der Verteidiger hat durchaus gute Argumente: Keiner habe den Teenager nahe der Videothek gesehen; wie Julia starb, stehe in den Sternen, schließlich konnte Gerichtsmediziner Denk keine Todesursache feststellen.

Dass der Angeklagte Crystal Meth verkauft habe, beruhe auf der Aussage einer einzigen Zeugin – die im Prozess einen eher unglaubwürdigen Eindruck hinterlassen hat. Die DNA-Spur auf der Decke könne irgendwie übertragen worden sein. Außerdem gab es auch genetische Spuren einer unbekannten Person darauf.

Schließlich lenkt Rifaat die Aufmerksamkeit der Geschworenen auch noch auf mögliche andere Täter. Er beschuldigt niemanden direkt, stellt aber Theorien in den Raum. Thomas S., der Exfreund Kührers, habe möglicherweise einen Schlüssel für die Hofeinfahrt gehabt – ein Alibi zur Tatzeit hingegen nicht. Eine denkbare Variante sei daher, dass Kührer mit anderen auf dem Hof war, um Drogen zu konsumieren, plötzlich gestorben ist und der wahre „Täter" in Panik die Leiche am nächstgelegenen brauchbaren Ort – dem Erdkeller – versteckt hat.

Denn K. bekam im Jahr 2010 angekündigten Besuch der Polizei – die den Keller sah, aber nicht durchsuchte. „Glauben Sie mir, ich war es nicht. Und Sie können sich sicher sein, dass ich mich anders verhalten hätte, wenn ich gewusst hätte, dass eine Leiche in meinem Keller liegt", appelliert K. in seinem Schlusswort.

Der Appell fruchtet nicht: Die Geschworenen verurteilen K. mit 7:1 Stimmen wegen Mordes zu lebenslanger Haft. Seine Berufung blieb ebenso wie Wiederaufnahmeanträge erfolglos.

Die drei vergewaltigenden Teenager vom Praterstern

Selbst Verteidiger Robert Pohle sieht für seine Mandanten Hossein G. und Maissam S. schwarz. „Eine Resozialisierung setzt voraus, dass es schon eine Sozialisierung gegeben hat. Das hat hier nicht stattgefunden", sagt er über die beiden Angeklagten.

Sein Kollege Martin Mahrer, der Mohammad S. vertritt, ist etwas optimistischer und fragt den Schöffensenat unter Vorsitz von Norbert Gerstberger, was man zur Resozialisierung beitragen könnte. Eine Antwort ist schwer.

Die zum Tatzeitpunkt im April zwischen 16 und 17 Jahre alten Angeklagten sollen eine 21-jährige Austauschstudentin am Wiener Verkehrsknotenpunkt Praterstern auf das Damen-WC verfolgt und dort der Reihe nach vergewaltigt haben.

Das Opfer wird wohl ihr Leben lang an der Tat leiden. „Es ist der Albtraum jeder Frau", sagt ihre Privatbeteiligtenvertreterin Sonja Aziz. Und liest einen Brief der Studentin vor. „Manchmal spüre ich gar nicht, dass ich lebe", schreibt die früher lebenslustige junge Frau. „Drei Monate konnte ich mich nicht in den Spiegel schauen." Auch: „Ich habe noch immer so viel Wut, das macht mir Angst."

Unterstützung bekommt die mittlerweile in ihre Heimat zurückgekehrte Türkin dennoch wenig. Ihre türkischen Freunde in Wien hätten ihr Vorwürfe gemacht, warum sie so spät auf dem Praterstern gewesen sei. Ihren Eltern erzählte sie erst zwei Wochen nach der Tat, dass etwas vorgefallen sei. Was genau, sagte sie nicht. „In der Türkei ist es ein Tabuthema", schreibt sie in dem Brief. Und dass die Mutter gesagt habe, wegen ihr sei sie vorzeitig in die Wechseljahre gekommen.

Vorsitzender Gerstberger bittet die Dolmetscherin, den Angeklagten das Schreiben zu übersetzen. Zwei von ihnen hören mit gesenktem Blick zu, Mohammed S. zeigt keine Regung.

Verwunderung kommt gleich zu Beginn des Verfahrens auf, als Gerstberger den Erstangeklagten nach dem Geburtsdatum fragt. „14. August 1998", antwortet dieser. „Aus dem Akt geht aber hervor, dass Sie auch 31. Dezember gesagt haben. Warum jetzt plötzlich August?" – „Das mit Dezember haben die Ärzte hier behauptet." – „Das ist ja absurd! Warum sollen die Ärzte ein genaues Geburtsdatum angeben?" G. entscheidet sich trotzdem für Dezember.

Vor rund eineinhalb Jahren sind die drei Afghanen aus dem Iran nach Österreich gekommen. Die Schulbildung reicht von „keine richtige" bis „vier Jahre Volksschule". Alle mussten arbeiten, um ihre Familie zu unterstützen, mit Schleppern kamen sie nach Österreich. Hier sind sie in Heimen untergebracht, aufgeteilt auf drei Bundesländer.

Am 22. April trafen sich alle in Wien. Tranken Whisky und endeten irgendwann in der Bahnhofshalle am Praterstern. Laut Anklage sahen sie dort ihr Opfer und folgten ihr auf die Toilette. Mit einer Münze sperrten sie die Kabinentür auf. Nachdem sie sie fast bewusstlos geschlagen hatten, hielten jeweils zwei von ihnen das Opfer fest, während der Dritte sich an der Studentin verging.

Alle drei Angeklagten bekennen sich grundsätzlich schuldig, wirkliche Reue ist aber nicht zu spüren. Im Gegenteil – vor dem Senat kommen plötzlich Ausflüchte. „Wer hat die Idee gehabt?", will der Vorsitzende vom Erstangeklagten wissen. „Ich nicht." – „Wer dann?" – „Niemand." – „Wie kommt man dann dazu, so etwas zu machen?" – „Ich war betrunken, habe nicht gewusst, was ich gemacht habe."

Das ist neu, bei seiner polizeilichen Aussage war er noch recht konkret, die Beamten konnten auch keine offensichtliche Beeinträchtigung feststellen. „Wir haben das nicht absichtlich gemacht", sagt G. nun. Da reicht es dem Vorsitzenden. „Er soll nicht blöd herumreden. Entweder er gesteht oder nicht, oder er sagt gar nichts mehr", lässt er übersetzen. Nach kurzer Rücksprache mit seinem Verteidiger entschließt sich der Erstangeklagte für Alternative Nummer drei.

Auch der Zweitangeklagte kann sich nicht erinnern, von wem die Idee gekommen ist. „Ist die vom Himmel gefallen? Oder aus der Hölle gekommen?", fragt Gerstberger und erhält keine Antwort. Mohammad S. sagt, er sei erst in die Kabine gekommen, als die beiden anderen schon über das Opfer hergefallen seien. Zwei, drei Minuten sei er dabei gewesen. „Ich weiß nicht mehr, was ich gemacht habe." – „Wie kommen Ihre Spermien in die Vagina des Opfers? Und auf ihre Hose?" – „Ich habe das Mädchen vergewaltigt", gesteht S. schließlich doch ein. „Können Sie sich Ihr eigenes Verhalten erklären?" – „Seit sieben Monaten überlege ich, warum ich es getan habe." Offenbar bisher erfolglos.

„Bei der Polizei haben Sie noch gesagt, Erst- und Drittangeklagter seien dem Mädchen nachgegangen. Und Sie hätten sich gedacht, dass die beiden etwas anstellen wollen." – „Damals habe ich sehr viel gelogen." – „Warum lügt man, um sich selbst zu belasten?", wundert sich Gerstberger. „Ich hatte Angst." – „Ja, aber dann versuche ich doch, meine Schuld kleinzureden!" Die Reaktion ist Schweigen.

Der Drittangeklagte gibt schließlich zu, dass die Idee von ihm gekommen sei. Er sei es auch gewesen, der die Tür aufgesperrt habe. „Warum?" – „Ich weiß es nicht." Dann sagt er: „Ich habe schon Mitleid mit ihr gehabt. Und Angst hatte ich auch." Aber vergewaltigt habe er sie nicht. „Wie kommen dann die DNA-Spuren der Frau auf Ihren Penisschaft?", wundert sich Gerstberger. „Ich habe keine Erklärung dafür", lautet die Antwort. Eine mögliche Antwort liefert DNA-Sachverständige Dwora Stein. Es sei nicht auszuschließen, dass das Sekret Speichel sei. Wenn der Drittangeklagte dem Opfer den Mund zugehalten habe und nachher seinen Penis intensiv berührt habe, sei eine Übertragung denkbar.

Beisitzerin Alexandra Skrdla hat auch eine Frage: „War Ihnen klar, dass Sie das Gesetz gebrochen haben?" – „Ich habe das Gesetz nicht gebrochen", hört die überraschte Skrdla. „Haben Sie Regeln nochmals verletzt? In der Justizanstalt?" – „Es gab Probleme mit Mithäftlingen." Offensichtlich nicht nur mit diesen – gegen S. laufen auch zwei Verfahren wegen Widerstands gegen die Staatsgewalt.

Der psychiatrische Sachverständige Werner Gerstl berichtet in seinem Gutachten allerdings, der Drittangeklagte habe bei seiner Untersuchung noch gesagt, er habe gewusst, dass es nicht erlaubt sei. Die Staatsanwältin zitiert dann aus dem Protokoll – der Teenager hat von „einem kleinen Fehler" gesprochen.

Erst- und Zweitangeklagter haben bei Gerstl noch von einer völligen Amnesie gesprochen. Alkoholbedingt kann diese nicht sein – zum Tatzeitpunkt hatten die Jugendlichen maximal 1,2 Promille Alkohol im Blut, hat der Experte berechnet.

Am zweiten Verhandlungstag sind die drei Unbescholtenen deutlich geknickter. Die Reumütigkeit war und ist dabei aber ausbaufähig. 24.310 Euro will das Opfer als Schmerzensgeld. „Wie können wir diesen Betrag bezahlen?", fragt einer der Angeklagten. „Das ist Ihr Problem", ist Gerstbergers Reaktion.

Die beiden Haupttäter sind schließlich bereit, 10.000 und 8.000 Euro anzuerkennen. Interessanterweise ist ihr Mittäter, der laut DNA-Gutachten das Opfer nicht vergewaltigt, sondern „nur" fixiert und ihr den Mund zugehalten hat, bereit, die gesamte Summe theoretisch zu zahlen.

Vor den Schlussplädoyers liest der Vorsitzende noch aus den Akten vor. Dort steht unter anderem, dass sich der Drittangeklagte in der Untersuchungshaft eine Ordnungswidrigkeit geleistet hat. „Bitch, I fuck you", hat er zu einer Justizwachebeamtin gesagt und auf sie hingeschlagen. „Die Frau wollte mich zum Arzt bringen und hat mich mit dem Schlüsselbund geschlagen", behauptet der Teenager. Eine Verletzung am Ellbogen hatte allerdings nur die Beamtin.

Die Jugendgerichtshilfe hat erhoben, dass zwei der Burschen zwar Afghanen sind, aber im Iran aufwuchsen. Der Drittangeklagte, bei dem auch eine verzögerte Reife festgestellt wurde, wurde von der Familie alleine nach Europa geschickt. „Das waren natürlich äußerst ungünstige Familienverhältnisse.

Wenn man mit überzogenen Erwartungen und Hoffnungen weggeschickt wird", sagt Gerstberger zu dieser Situation.

Bei den Schlussworten fasst die Privatbeteiligtenvertreterin die Lage ihrer Mandantin noch einmal zusammen: „Es geht ihr nach wie vor nicht gut." Dabei spielt auch eine Rolle, dass die Türkin in ihrer Heimat keinen familiären Rückhalt hat. „Ihre Mutter hat gesagt, dass es eine Schande ist, überhaupt darüber zu sprechen." Sie verlangt vom Senat, „mit der notwendigen Härte vorzugehen".

Dieser Wunsch wird ihr erfüllt. Bei einer möglichen Höchststrafe von siebeneinhalb Jahren entscheidet sich das Gericht für je sechs Jahre bei den ersten beiden Angeklagten, der Drittangeklagte erhält als Mittäter fünf Jahre.

Ein reumütiges Geständnis habe man nicht erkannt, begründet Gerstberger. Die Brutalität der Vergewaltigung, die für das Opfer qualvoll war, sei ein Erschwerungsgrund. Das von den Verteidigern vorgebrachte Argument, dass Frauen in den Herkunftsländern ihrer Mandanten einen anderen Stellenwert hätten, kann der Vorsitzende nur zum Teil nachvollziehen – Vergewaltigungen seien auch dort verboten.

In einem Punkt gibt Gerstberger Verteidiger Pohle aber recht: Das Betreuungssystem für Asylwerber „könnte man natürlich besser machen". Pohle hatte angeprangert, dass sein Mandant eigentlich in einem Caritasheim in Oberösterreich untergebracht sei, ihn aber niemand daran gehindert habe, nach Wien zu fahren.

Auch den Sinn der Videoüberwachung an den Bahnhöfen kann sich der Vorsitzende nicht recht erklären. Die drei Angeklagten hätten schon vor der Tat mit einer anderen Gruppe einen Konflikt gehabt. „Warum greift da niemand ein oder ruft zumindest die Polizei? Es sitzen ja Menschen vor den Monitoren!" Dass die Exekutive die Polizeiinspektion am Praterstern geschlossen hat, stößt Gerstberger ebenso sauer auf.

Der Showdown der „Star-Anwälte"

Rechtsanwalt Manfred Ainedter ist naturgemäß oft vor Gericht. Allerdings selten auf der Anklagebank. Am Mittwoch ist es so weit: Die Privatanklägerin Anna Z. wirft dem 63-Jährigen üble Nachrede und Kreditschädigung vor.

Es geht um die Causa Alijew, Ainedter hatte im ORF behauptet, die Kanzlei Lansky, Ganzger und Partner sei an Beweismittelfälschung zum Nachteil seines Mandanten Rachat Alijew beteiligt gewesen. Z., die die Kanzlei berät, will sich das nicht gefallen lassen.

Im Gegensatz zu den meisten Medienprozessen ist die Stimmung im Saal, vorsichtig ausgedrückt, nicht ganz so gut. Auf der einen Seite sitzt die Klägerin neben Anwalt Thomas Höhne, Ainedter wird von seinem Sohn Klaus sowie Peter Zöchbauer verteidigt.

Richter Hartwig Handsur muss sich zu Beginn mit einem Problem herumschlagen: Beide Seiten debattieren lebhaft die Frage, ob die Privatanklägerin überhaupt berechtigt ist, die Anklage zu erheben. Z. ist nämlich „Diplomjuristin" und keine Anwältin. Das liegt daran, dass sie zwar in Russland studiert, ihren Abschluss aber nicht in Österreich nostrifiziert hat.

„Haben Sie eine Beglaubigungsurkunde?", fragt Ainedter-Verteidiger Zöchbauer. „Nein, die habe ich verloren", lautet die Antwort. „Haben Sie sich um eine neue bemüht?" – „Diese Frage beantworte ich nicht." – „Das entscheidet das Gericht, was Sie beantworten müssen", grollt Zöchbauer. Auch der Angeklagte mischt sich ungefragt in die Sache der

Beglaubigungsurkunde ein: „Weil Sie keine mehr bekommen!"

Dass ein Verfahren bezüglich des Entzugs des Dokuments im Laufen ist, muss Z. eingestehen. Als Höhne seiner Mandantin beispringen will, redet Ainedter junior dazwischen, wird von seinem Vater aber mit den Worten: „Klaus, los eam" gebremst.

Richter Handsur will wissen, in welchem Verhältnis die Klägerin zur Kanzlei Lansky steht. Das ist etwas kompliziert: Das russische Recht verbiete ihr ein Angestelltenverhältnis, also sei sie „Beraterin im Innenverhältnis". Sie managt den „Russian Desk", kümmert sich auch um die Angehörigen der beiden angeblich im Auftrag von Alijew entführten und ermordeten Bankmanager.

Vertretungsbefugt für die Kanzlei ist sie allerdings nicht, auch wenn sie regelmäßig bei Pressekonferenzen auftritt. Da sie auch mit den Medien redet, sieht sie sich von Ainedters Vorwurf der Beweismittelfälschung dennoch persönlich betroffen.

Zöchbauer argumentiert ganz anders: Sein Mandant habe wörtlich von der „Kanzlei Lansky" gesprochen, in der über 100 Menschen arbeiten. Die Aussage beziehe sich also auf ein großes Kollektiv, selbst bei subjektiver Betroffenheit könne aus diesem niemand klagen.

Handsur gibt ihm recht und beendet das Verfahren, bevor Ainedter überhaupt einvernommen wird, mit einem nicht rechtskräftigen Freispruch, da Z. kein Recht auf eine Klage habe.

„Weid sad's ned kumma", ruft Ainedter seinem Konkurrenten Lansky zu, was wiederum zu erregten und teils unfeinen Wortwechseln zwischen den

Parteien führt. Ein wenig fühlt sich Ainedter durch den Erfolg seiner Verteidiger betrogen: Schließlich wollte er im Prozess diverse Dokumente mit Vorwürfen gegen die Kanzlei Lansky vorlegen.

Das macht er dann in einer Ad-hoc-Pressekonferenz in der Gerichtskantine, bei der er neue schwere Vorwürfe gegen seinen Kontrahenten erhebt. So sei im millionenschweren Vertrag mit dem kasachischen Opferverein „Tagdyr" auch ein Punkt „Zeugentraining" enthalten. Was dazu geführt habe, dass ein Protokoll aus dem Jahr 2012 laut Ainedter belege, wie Zeugen vor ihrer Vernehmung genehme Antworten vorgekaut wurden.

Ein Aktenvermerk zeige auch, dass die zuständige Staatsanwältin „überaus betrübt über die Tatsache" sei, „dass offensichtlich von der Kanzlei Lansky falsche Informationen in Schriftsätzen vorgebracht werden, um das Ermittlungsverfahren zu stören bzw. in eine tendenziöse Richtung zu lenken".

In einer Aussendung wies Lansky diese Vorwürfe strikt zurück und sagte, Ainedter habe die Unterlagen „rechtswidrig erlangt", da sie von einem Ex-Mitarbeiter weitergegeben worden seien.

Alijew selbst wurde nie verurteilt, da er sich am 24. Februar 2015 in der Untersuchungshaft im Nassbereich seiner Zelle erhängte. Von den Mordvorwürfen bezüglich der Bankmanager wurden seine beiden Mitangeklagten schließlich freigesprochen.

Peter Seisenbacher: Der tiefe Fall des Doppelolympioniken

Peter Seisenbacher hat noch immer Rückhalt. Als der 59-Jährige Montagvormittag von den Justizwachebeamten aus der Untersuchungshaft in den Großen Schwurgerichtssaal geführt wird, steht ein weißhaariger Herr auf und klatscht. Der Angeklagte dreht sich kurz um und reckt zum Dank den rechten Daumen nach oben, ehe er auf dem Anklagestuhl Platz nimmt.

Schwerer sexueller Missbrauch in zwei Fällen und Missbrauch des Autoritätsverhältnisses in einem Fall werden dem zweifachen Olympiasieger im Judo vorgeworfen. Er soll als Trainer im Nachwuchsbereich laut der von Ursula Schrall-Kropiunig verfassten Anklageschrift zwischen 1999 und 2004 geschlechtliche Handlungen mit zwei Schützlingen durchgeführt haben, bei einem dritten Mädchen soll er es versucht haben. Im Dezember 2016 hätte er deshalb schon vor Gericht erscheinen müssen – er tauchte jedoch vor der Verhandlung ab.

Nun ist Seisenbacher hier vor dem Schöffengericht unter Vorsitz von Christoph Bauer, und Staatsanwältin Schrall-Kropiunig wagt einen Blick in den Kopf des Sportidols. „Dass es taktisch nicht klug war, der Verhandlung fernzubleiben, weiß Herr Seisenbacher wohl selbst", sagt sie in ihrem Eröffnungsplädoyer. Gleichzeitig korrigiert sie mediale Falschmeldungen: Die Flucht sei kein Straftatbestand, daher werde sie die Anklage natürlich nicht ausdehnen.

Die Person sowie Flucht des Angeklagten sei aber nicht das einzig Außergewöhnliche an dem Fall. Ungewöhnlich sei auch, dass K., eines der mutmaßlichen Opfer, mittlerweile ihr Geschlecht gewechselt hat und als Mann beruflich erfolgreich ist. Das „eine hat mit dem anderen rein gar nichts zu tun", stellt K.s Privatbeteiligtenvertreterin Eva Plaz klar.

30- bis 40-mal soll ihr Mandant damals vor allem während Wochenend- und Ferientrainingslagern von Seisenbacher missbraucht worden sein, steht in der Anklage. Beim zweiten Mädchen soll es nur einmal bei einer Massage zu einem Delikt gekommen sein. Im dritten Fall war das Opfer 16, sie konnte Berührungen im Intimbereich verhindern.

Verteidiger Bernhard Lehofer spricht die Gretchenfrage in seinen Eröffnungsworten unverblümt an: „Warum ist Seisenbacher abgehauen?" Er beantwortet sie auch gleich: „Es war eine Kurzschlussreaktion." Die Geburt von Seisenbachers jüngstem Sohn sei im Dezember 2016 knapp bevorgestanden, der Judoka habe die Medienberichte als Vorverurteilung gesehen und glaubte überdies noch an einen Promi-Malus vor Gericht.

Er, Lehofer, sei selbst in der Judoszene und kenne Seisenbacher schon seit 40 Jahren, und die Vorwürfe würden einfach nicht in dessen Persönlichkeitsprofil passen. Auch Umfelderhebungen der Polizei hätten ergeben: „Nix ist passiert, niemandem ist je etwas aufgefallen." Eine Darstellung, die Vorsitzender Bauer wenig später zerlegt.

Doch zunächst will Bauer vom unbescholtenen Angeklagten wissen, was er selbst zur Anklage sagt. „Nicht schuldig", antwortet der Doppelolympionike knapp. „Wenn Sie unschuldig sind, haben Sie eine Erklärung, warum drei Menschen Sie belasten?" – „Ich habe keine Erklärung, es gibt aber Vermutungen, ich hoffe, dass mein Verteidiger sie darlegt", gibt sich Seisenbacher zunächst kryptisch.

Im Laufe seiner Einvernahme wird klar, was er damit meint. Er sagt, die drei Mädchen hätten sich schon damals gekannt und würden noch immer Kontakt halten. „Sie hatten viel Zeit, sich abzusprechen", glaubt der Angeklagte. „Sie meinen, sie haben sich verschworen?", bringt Bauer es auf den Punkt. „Davon gehe ich aus." Auch psychische Probleme der mutmaßlichen Opfer stellt er in den Raum.

Und schließlich, dass auch K.s Mutter ein Motiv habe, Teil der Verschwörung zu sein. Die war die Gattin eines ehemaligen Arbeitskollegen Seisenbachers, als er mit ihr ein sexuelles Verhältnis anfing. Man sei aber allseits über die Jahre in freundschaftlichem Kontakt geblieben, offenbart der Angeklagte und sorgt dann für Erstaunen: Die Mutter habe mit K. auch Sexualpartner geteilt. Er selbst habe aber mit der sportlich erfolgreichen Tochter nie eine Beziehung gehabt, beharrt Seisenbacher.

Vorsitzender Bauer baut seine Einvernahme rhetorisch nicht ungeschickt auf. Er stellt dem sehr ruhig wirkenden und bedächtig formulierenden Angeklagten einfache Fragen, die er sich bestätigen lässt. Beispielsweise, ob er bei Trainingslagern oder Turnieren je mit Schützlingen in einem Bett geschlafen habe. „Das schließe ich aus!", erwidert Seisenbacher bestimmt.

Allerdings sagen das nicht nur die mutmaßlichen Opfer, sondern auch eine damals 16-jährige Sportlerin, die eine einvernehmliche Beziehung zum Angeklagten hatte. „Die bilden sich das alle ein?", wundert sich der Vorsitzende. „Es gab keine Notwendigkeit, in einem Bett zu schlafen", beharrt Seisenbacher.

Der sich dann einem für ihn unangenehmen Dialog mit Bauer stellen muss. Es geht um den Teenager, mit dem er die einvernehmliche Beziehung hatte. „Die war 16. Und Sie?", fragt Bauer. „Ich habe mich ziemlich jung gefühlt", weicht Seisenbacher aus. „Wie alt waren Sie?", lässt der Vorsitzende nicht locker. „Um die 40." Der Altersunterschied dürfte bereits damals für Aufsehen gesorgt haben.

Ein anderes Beispiel für Bauers Strategie: „Haben Sie irgendeine Art nichtstrafbaren Kontakt mit K. gehabt?", fragt er interessiert. „Ich wüsste nicht, was Sie meinen." – „Zum Beispiel kein Küsschen, aber einen Kuss, auch wenn sie schon älter war." – „Einen Kuss kann ich ausschließen." Worauf der Vorsitzende Seisenbacher vorhält, was einer seiner langjährigen Freunde bei der Polizei im Juni 2014 zu Protokoll gegeben hat. Demnach soll dieser Freund Seisenbacher bei der Hochzeit seiner Tochter mit der Missbrauchsanzeige durch Mutter K. konfrontiert haben. Worauf Seisenbacher gesagt habe, es sei etwas gewesen, aber im gesetzlich erlaubten Alter. Der Angeklagte bestreitet das und wird wieder nebulös: „Wenn Sie einen Freund haben, sehen Sie über gewisse Persönlichkeitsmerkmale hinweg."

Dieser Freund erweist sich schließlich als wahrer, wenngleich ungeschickter – vor Gericht zieht er die belastende Aussage nämlich völlig zurück. „Können Sie sich an die Einvernahme bei der Polizei noch erinnern?", beginnt Bauer. „Es ging darum, dass der Peter eben … es ging um Minderjährige", stottert der Zeuge. Er habe von Mutter K. von der Anzeige erfahren und Seisenbacher darauf angesprochen. „Wie hat er reagiert?", will der Vorsitzende wissen. „Sehr überrascht. Er hat gesagt, ‚Des gibt's ja ned‘, und versuchte gleich zu telefonieren. Danach haben wir nicht mehr darüber gesprochen."

Bauer ist ob dieser Aussage fassungslos und hält dem Zeugen das von diesem unterschriebene Polizeiprotokoll vor. Wo eben nicht nur steht, Seisenbacher habe gesagt, er habe „mit K. etwas gehabt, aber im gesetzlich erlaubten Alter". Sondern auch dezidiert die Aussage des Zeugen: „So hat er (Seisenbacher, Anm.) sich ausgedrückt." Der Zeuge bleibt dabei: Bei der damaligen Konfrontation habe Seisenbacher gelächelt, das habe er als Ja interpretiert. Er habe in 40 Jahren mit Seisenbacher nie über dessen Sexualität gesprochen. Aber auch nie an die Vorwürfe geglaubt.

Interessanterweise soll der Zeuge allerdings seiner Frau sowie K. und dessen Mutter nach der Hochzeit der Seisenbacher-Tochter sehr wohl von der ursprünglichen Antwort erzählt haben. Heute bleibt er dabei, er habe nur „Peters lächelnde Antwort" so interpretiert. Bei der Polizei „habe ich beim Rausgehen das Protokoll nur überflogen, da ich es wie immer eilig hatte", behauptet er auch. „Ich habe dem damals nicht diese Wichtigkeit beigemessen", fügt er zum Unglauben der Staatsanwältin noch hinzu.

Die Glaubwürdigkeit der mutmaßlichen Opfer lässt sich nicht beurteilen, da die ihre Aussagen unter Ausschluss der Öffentlichkeit machen. Seisenbacher glaubt ihnen jedenfalls nicht, wie er am zweiten Verhandlungstag klarstellt. „Haben Sie das Gefühl gehabt, dass die beiden gelogen haben?", will Bauer daher konkret wissen. „Sie sagen die Unwahrheit", antwortet der Exsportler ruhig.

Er nutzt auch die Gelegenheit, um darzulegen, warum er bei Hauptbelastungszeugin K. an einen Rachefeldzug glaubt. Die sei auf seine Vermittlung hin an der prestigeträchtigen Tokai-Universität in Japan aufgenommen worden, wo er sich selbst 1984 vor seinem ersten Olympiasieg vorbereitet hatte.

2010 sei er als georgischer Judo-Nationaltrainer wieder in Japan gewesen, als ihn eine Universitätsmitarbeiterin aufgeregt kontaktierte, wie er sich erinnert. „Sie erzählte mir, dass K. der Universität verwiesen worden wäre" und ob er, Seisenbacher, nicht zu K.s Gunsten intervenieren solle. Danach habe er K. auch in einer Hotellobby getroffen, die ihn genau darum gebeten habe. Seisenbacher lehnte ab. „Dann ist die Stimmung ziemlich gekippt. Sie war in keinem guten Zustand", behauptet der Angeklagte.

Er habe versucht, ihr gut zuzureden; das Nächste, was er von K. hörte, sei gewesen, dass sie ihren Aufenthalt abgebrochen habe. Seisenbachers Theorie: K. und ihre Mutter, mit der er eine Affäre gehabt habe, wollten sich für die ausgebliebene Unterstützung revanchieren. Privatbeteiligtenvertreterin Eva Plaz legt im Prozessverlauf allerdings einen Mailverkehr zwischen K. und einer Uni-Mitarbeiterin vor, der eher gegen eine unfreiwillige Trennung spricht. Außerdem sei K.s Anzeige erst Jahre danach erfolgt.

„Sie hat Ihnen hier ein Märchen erzählt", beharrt der Angeklagte dennoch bezüglich K.s Aussage. „Was hat Frau W. damit zu tun?", fragt der Vorsitzende darauf und meint die Aussage eines weiteren mutmaßlichen Opfers. „Nichts." – „Die belastet Sie aber auch. Warum soll sie lügen?" – „Ich habe nicht auf alles eine Antwort." Um schließlich vage zu ergänzen: „Auf die Zusammenhänge zwischen den Mädchen kann ich mir einen Reim machen, aber man kann nicht alles beweisen."

Die erste Zeugin des zweiten Verhandlungstages bricht eine Lanze für den Mann, mit dem sie elf Jahre lang bis September 2016 eine Beziehung hatte. „Ich hatte damals selbst eine kleine Tochter, und bei einem Verdacht hätte ich sicher keine Beziehung mit ihm geführt", stellt sie klar, dass ihr nie etwas Ungewöhnliches aufgefallen sei. „Frau K. hat ausgesagt, der Angeklagte sei eine Art Vaterersatz für sie gewesen?", bohrt Bauer nach. „Nein, es war ein ganz normales Trainer-Schüler-Verhältnis", ist Seisenbachers Ex-Partnerin überzeugt. K. und W. seien in all der Zeit vielleicht zehnmal am Abend zur Kinderbetreuung zu Besuch gewesen.

Dass die Ex-Partnerin aber ganz offensichtlich nicht alles darüber wusste, wie der Angeklagte seine Freizeit gestaltete, zeigt sich bei einem anderen Zeugen. Der war Co-Trainer und wüsste nicht, wann die von Staatsanwältin Ursula Schrall-Kropiunig angeklagten Übergriffe bei Trainingslagern am Wochenende und in den Ferien zwischen 1999 und 2004 stattfinden hätten sollen. „Er hatte immer wieder Damenbesuch von den Müttern der Kinder, und manchmal war auch seine Freundin da, er hatte Stress", erinnert sich dieser Zeuge, was sogar dem mit vor der Brust verschränkten Armen dasitzenden Angeklagten ein Lächeln abringt.

Zeuge Richard S. hat dagegen eine Vorstellung davon, wann sich Gelegenheiten für den Missbrauch ergeben haben könnten. Auch er war als Acht- oder Neunjähriger Judoschüler von Seisenbacher. Er berichtet, dass er zumindest zweimal bei Gruppenübernachtungen verstörende Beobachtungen gemacht habe.

„Es gab komische Situationen, wo ich mich sehr unwohl gefühlt habe", beginnt S. seine Aussage. Einmal habe er bei einem Wochenendkurs in der Nacht Bewegungen im völlig geschlossenen Schlafsack des Angeklagten wahrgenommen, auf die er sich als Kind keinen rechten Reim machen konnte. Am nächsten Morgen „war Herr Peter gut gelaunt", K. habe dagegen Augenringe gehabt und derart schlecht ausgesehen, dass ihre Mutter darauf bestand, dass bei ihr Fieber gemessen werde.

„Was hat das mit dem Schlafsack zu tun?", ist der Vorsitzende leicht irritiert ob der ausschweifenden Schilderungen des Zeugen. Es stellt sich heraus, dass S. zwar überzeugt ist, dass die Bewegungen in dem Sack von zwei Personen stammten, erkannt habe er die zweite Person aber nicht. Für Verteidiger Bernhard Lehofer ein gefundenes Fressen. Denn bei seiner Aussage vor der Polizei hatte der Zeuge im Oktober 2014 noch festgehalten: „Ich habe sonst niemanden im Schlafsack des Beschuldigten wahrnehmen können." Er habe damit gemeint, er habe niemanden erkennen können.

Noch deutlicher wird der Zeuge bei einem zweiten Vorfall: Zu diesem sei es bei einem Trainingslager in Seisenbachers Einrichtung im Burgenland gekommen. Er sei in der Nacht aufgewacht und habe K. gesehen, die nur mit einem T-Shirt bekleidet auf dem Rücken lag, über ihr der Angeklagte und über diesem dessen Schlafsack.

Erzählt habe er davon niemandem, denn „es war ein Mann, der nichts mit Peter zu tun hatte. Ich konnte es niemandem sagen, da es mir niemand glauben würde." Das Problem bei der Aussage: S. interpretiert offenbar viel ex post hinein. Denn, so behauptet er auch, bei einer anderen Gelegenheit habe er als Neunjähriger einen wissenden Blick mit Trainer Seisenbacher gewechselt, dieser habe ihm standgehalten, und beide Seiten hätten gewusst, um was es ginge.

Interessant ist aber auch ein anderer Aspekt der Aussage. Laut der Darstellung von S. habe er als Bub einmal mit einem Teamkollegen über die ihn verstörenden Eindrücke reden wollen. Als Seisenbacher das hörte, habe er ihn als „Träumer" dargestellt. Der Zeuge wird ungewöhnlich emotional: „Das hat er dann immer wieder gesagt. ‚Richard, du träumst', auch vor den Eltern!"

Relevant ist diese Bemerkung im Zusammenspiel mit den Erfahrungen einer weiteren Zeugin. Die hatte als 16-Jährige nämlich eine einvernehmliche Beziehung mit Seisenbacher. Das mutmaßliche Opfer K., die mittlerweile ein Mann ist, habe sich damals einmal aufgelöst an sie gewandt. „Weißt du eh, ich hab auch was mit dem Peter", habe K. gesagt.

Als sie Seisenbacher damit konfrontierte, habe der gesagt, es störe ihn, dass darüber gesprochen werde. „Hat er sonst was dazu gesagt?", will der Vorsitzende wissen. „Es war nichts." Bei der Polizei hat das noch etwas anders geklungen, hält Bauer der Zeugin vor: „Er versuchte, das Ganze ins Lächerliche zu ziehen. Und dass es höchstens einen Kuss gegeben hat."

Bevor die Öffentlichkeit neuerlich ausgeschlossen wird, bestätigt diese Zeugin auch noch, dass es bei einer Gelegenheit während eines Auslandsaufenthaltes vorgekommen sei, dass der Angeklagte mit zwei Mädchen in einem Bett übernachtet habe, was Seisenbacher bestreitet.

Dass der Angeklagte den Großteil des Verfahrens auf der Anklagebank mit unbeteiligtem Blick vor sich hinstarrt, macht ihm Opfervertreterin Eva Plaz zur Irritation Bauers in ihren Schlussworten zum Vorwurf. Seisenbacher wirke „mephistophelisch", also teuflisch, beschreibt sie. Was wiederum Verteidiger Bernhard Lehofer dazu bringt, Vermutungen über K.s Motive für die Anschuldigung zu wälzen – Rache und Berechnung sind darunter.

Verteidiger Bernhard Lehofer hatte zuvor einen Freispruch verlangt. Seisenbacher sei nicht „der böse Narzisst, der Mephisto". „Ich und viele, viele andere Leute sind von seiner Unschuld überzeugt", betonte Lehofer. Er zählte „Risikofaktoren" auf, die er den Belastungszeuginnen unterstellte.

Diese könnten aus Eifersucht, aufgrund schwerer Enttäuschungen oder psychischer Probleme die Unwahrheit gesagt haben, mutmaßte der Anwalt: „Ihre Angaben sind nicht derart valide, dass man einen unbescholtenen Mann verurteilen könnte."

Das Schöffengericht sieht das gänzlich anders. Es seien „die außerordentlich glaubwürdigen Aussagen" der drei Opfer gewesen, die zur anklagekonformen Verurteilung zu fünf Jahren unbedingter Haft geführt hätten, begründet Vorsitzender Bauer. „Wir hatten nicht den Eindruck, dass sich die gegen Sie verschworen haben", widersprach der Richter auch klar der Verteidigungsstrategie des 59-jährigen Unbescholtenen.

Die Opfer hätten nicht übertrieben, ist der Senat überzeugt. „Ich habe ihn ganz einfach gemocht", habe Hauptbelastungszeuge K. bei seiner Aussage klargemacht. Seisenbacher sei „wie ein zweiter Vater" gewesen, und er, K., habe eine Zeitlang gedacht, er nehme das mit ins Grab.

In der Berufung wurde die Strafe schließlich um zwei Monate auf vier Jahre und zehn Monate Haft reduziert, eine teilbedingte Strafe kam aber auch für das Oberlandesgericht Wien nicht in Frage.

Aus dem Leben des Blutchronikers, Teil 4

Gibt es Prozesse, die man nicht vergisst? Selbstverständlich, einige davon findet ihr in diesem Buch versammelt. Als mir meine Lektorin ihre Idee erstmals vorgestellt hat, sind mir fünf, sechs Prozesse spontan eingefallen, beispielsweise die Auseinandersetzung im Schlingerl oder der Mann, der eine Straßenbahn stahl – also jene Geschichten, die vollkommen absurd klingen. Zugegebenermaßen hat es mich aber überrascht, wie viele Verfahren ich mittlerweile vergessen habe. Die grandiose Geschichte um den Topfpflanzenstreit beim Bundesheer etwa war mir einfach nicht mehr präsent. Erst als eine am Prozess beteiligte Person mich daran erinnert hat, machte es Klick. Vielleicht ist das aber auch verständlich, wenn man jeden Tag mindestens eine Verhandlung verfolgt, manchmal in drei oder sogar vier Sälen hintereinander sitzt. Selten, aber doch kommt es auch vor, dass man von Verfahren persönlich berührt ist und sie einem deshalb in Erinnerung bleiben. Es kann sein, dass einem die Opfer, etwa Kinder, leidtun oder man sogar Mitleid mit dem oder der Angeklagten hat, deren Leben vielleicht unter etwas anderen Umständen viel besser verlaufen wäre. Umgekehrt gibt es aber auch andere Geschichten, die ihr hier nicht findet, obwohl sie zwar denkwürdig sind, aber inhaltlich weniger hergeben oder derart widerwärtig sind, dass es definitiv kein Vergnügen ist, sie zu lesen. Ich hoffe, ihr verzeiht meine subjektive Auswahl.

KEINE AUSKUNFT
NO INFORMATION
NEMA PODATAKA
BILGI YOK

Die hinter dieser Tür beschäftigten – eigentlich sehr netten –
Personen sehen sich für Auskünfte definitiv nicht zuständig.

Kapitel 5:
Folgenschwerer Verkehr

Um von A nach B zu kommen, muss man am Verkehr teilnehmen, was unter bestimmten Umständen bei manchen Menschen eher unzivilisiertes Verhalten begünstigt. Egal, auf welche Art man sich im Verkehr bewegt oder zu welchen gesellschaftlichen Kreisen man gehört. Der Streit um die Parklücke vor dem Nobelrestaurant kann ebenso eskalieren wie die Radfahrt am Treppelweg neben dem Donaukanal. Sogar eine kilometerlange Verfolgung durch die halbe Bundeshauptstadt hält manche Menschen nicht davon ab, ihrem Gegenüber ihre Interpretation der Straßenverkehrsordnung näher zu bringen.

Die Parklücke und das Steirereck

Hildegard F. gesteht ihren Fehler ein: „Ich wusste nicht, dass man das nicht darf", sagt sie zu Richter Christian Noe. Als Fußgängerin in einer Parklücke stehen, um die zu reservieren. Sie tat es trotzdem, es kam zu einem Streit, bei dem sie verletzt wurde, wie sie sagt.

Wegen Nötigung und Körperverletzung ist Peter S. angeklagt. Der 66-Jährige hatte im Dezember mit seinem Porsche in der Innenstadt einen Parkplatz entdeckt. „Im Zurückfahren merkte ich, dass eine Person auf die Straße springt und zu fuchteln anfängt", erzählt der Unbescholtene.

Seine Frau sei ausgestiegen, er habe weiter reversiert. In der Rückfahrkamera habe er auch gesehen, dass er sich den Zehen der Frau maximal auf 40 bis 50 Zentimeter genähert habe. „Die Person hat sich nicht beruhigen lassen, wurde immer vulgärer und theatralischer. Plötzlich hat sie mit der Faust oder ihrer Handtasche gegen mein Auto geschlagen!"

Nicht nur das, er will beobachtet haben, dass F. mit ihrer Handtasche seiner Frau auf den Hinterkopf schlug. Er stieg aus, beim zweiten Schlagversuch fiel er ihr in den Arm, berührte sie leicht, worauf sie ins Stolpern geriet und stürzte. Über Verletzungen habe sie nicht geklagt. Kurz darauf traf man sich wieder: im Nobellokal Steirereck. „Da ist vom Personal aber auch niemand eine Verletzung aufgefallen."

Frau F. erzählt anderes: Die Frau des Angeklagten sei herausgesprungen, habe sie angeschrien und an ihr gezerrt. Zweimal sei der Einparkende mit der Stoßstange leicht gegen sie gefahren. Als sie sich aus dem Griff der Frau befreien wollte, habe sie einen Stoß in den Rücken bekommen, „da bin ich schon gesegelt".

Danach sei sie mit ihrem Partner doch ins Steirereck gegangen. „Es war die Verlobungsfeier, wir hatten die Ringe aus Australien." Zufrieden war sie nicht. Der ganze Unterarm sei ein blauer Fleck gewesen, das Personal brachte Eis. „Aber leider nicht in Nylonsäcken, ich wurde ganz nass", bemängelt sie.

Knapp fünf Stunden blieb das Paar, drei Tage später ging sie zum Amtsarzt, der eine Schulterprellung diagnostizierte. „Ich kann seit Dezember in kein Fitnessstudio", beschreibt F. ihren Zustand. Der Sachverständige Christian Reiter konstatiert: „Der Leidensdruck dürfte kein besonders hoher gewesen sein."

Denn: Neun Tage nach dem Vorfall schickte sie ihr Hausarzt zum MRT, das sie am nächsten Tag machte, fünf Wochen vergingen, ehe sie mit dem Befund zurückkam, weitere drei, bis sie einen Orthopäden aufsuchte. Reiter hält einen Sturz als Ursache für die Prellung für plausibel; wie der ausgelöst wurde, kann er nicht sagen.

S. wird von Noe freigesprochen, da er dem Angeklagten deutlich mehr glaubt, wie er in seiner Begründung ausführt. „Das Arschloch wird freigesprochen?", zischt Frau F. ihrem Partner im Saal zu.

Der Spitzenkoch und die Straßenverkehrs-ordnung

Walter Eselböck war mit seinem Taubenkobel Koch des Jahres und hat Sterne und Hauben am laufenden Band produziert. Vor Richter Christian Böhm feiert er eine Premiere, wie er verrät: „60 musste ich werden, bis ich einmal was mit dem Gericht zu tun habe." Angst muss er allerdings keine haben, schließlich ist er nur Zeuge im Prozess gegen Hans S., dem Nötigung und Sachbeschädigung vorgeworfen werden.

„Es soll da Unstimmigkeiten über die Auslegung der Straßenverkehrsordnung gegeben haben", fordert Richter Böhm den 48-jährigen Angeklagten auf, seine Version der Geschehnisse vom 24. Mai zum Besten zu geben. „Die Dame hat mir im Vorfeld im Kreisverkehr brutal den Vorrang genommen", erzählt der Unbescholtene. „Bei der Ausfahrt hat sie wieder eine Vollbremsung gemacht, da sie fast einen Fußgänger überfahren hat."

Seine Reaktion: „Ich habe ihr zweimal die Lichthupe gegeben. Dann habe ich sie überholt und gesehen, dass sie einparkt und gleich wieder ausparkt. Da habe ich mir gedacht, ich muss einmal schauen, was los ist, vielleicht braucht sie Hilfe." Er hielt also neuerlich an und bewegte sich Richtung Verkehrsteilnehmerin.

„Schnell?", will Böhm wissen. „Nein. Normal. Na ja, vielleicht war ich ein bisschen aufgebracht." Die Selbsteinschätzung ist nicht ganz von der Hand zu weisen, da S. auch im Saal auf den Stress der Verhandlung durchaus emotional reagiert und dem Richter immer wieder ins Wort fällt, was der nicht goutiert.

„Ich bin zu der Dame hin und habe auf die Scheibe geklopft. Sie ist dagesessen und hat stur nach vorne geschaut. Dann war plötzlich die Tür offen, ein anderer Fahrer hat sich eingemischt, und ich habe ihm gesagt, er soll sich schleichen, und plötzlich ist das Telefon vor meinem Gesicht gewesen. Ich habe nur hingegriffen."

Warum das Handy dann plötzlich über das Autodach auf den angrenzenden Grünstreifen gerutscht sei, wie er behauptet, kann er sich nicht erklären. Er habe es aber sicher nicht weggeworfen, und er habe Frau H. auch nicht genötigt, stehen zu bleiben, widerspricht er den Anklagepunkten.

Woran er sich noch erinnern kann: „Die Dame hatte rote Backerln und war verzweifelt." – „Ist es im Bereich Ihrer Vorstellungskraft, dass sich die Dame gefürchtet hat?", interessiert den Richter. „Nein, ich bin ja nicht furchterregend", beteuert der Angeklagte.

Die bedrängte Lenkerin Sonja H., 43 Jahre alt, schildert die Sache anders. Ihre Geschichte setzt mit der Bremsung für den Fußgänger ein. „Dann hat mich der Mann überholt und sich bei einer Verkehrsinsel so hingestellt, dass ich stehen bleiben musste. Er kam heraus und brüllte, ich wollte das kalmieren und habe nicht reagiert."

Als S. weitergefahren sei, habe sie zum Durchatmen eine Parklücke angesteuert. „Da ist er wieder stehen geblieben, ich bin weitergefahren und habe mir gedacht: ‚Wie komme ich da jetzt raus?'" Sie parkte also endgültig, der Angeklagte sei wieder zu ihr gerannt, habe die Tür aufgerissen und Beleidigungen in die Fahrgastzelle gebrüllt. „Ich war geschockt und habe das Handy genommen, um die Polizei zu rufen."

S. habe ihr aber das Mobiltelefon weggenommen und -geschleudert. Wohin, habe sie nicht gesehen, auf Nachfrage meint die Zeugin, sie habe den Eindruck gehabt, es sei eher ein Wegwerfen aus Ärger gewesen. Die Beschädigungen seien jedenfalls minimal, sie will auch keinen Schadenersatz.

Licht in die Angelegenheit kann also vielleicht Eselböck bringen, der mit seiner Gattin damals zufällig des Weges kam. „Plötzlich wurde abrupt stehen geblieben. Wir wussten zuerst nicht, was los ist, plötzlich griff der Mann ins Auto und warf einen schwarzen Gegenstand gegen die Wand", sagt der Zeuge. Der Richter bohrt nach, will wissen, mit welcher Armbewegung der Wurf erfolgte, ob tatsächlich die Wand oder der Grünstreifen das Ziel gewesen sei. Der Zeuge kann sich allerdings nicht mehr genau erinnern.

Dafür ist ihm das Telefonat mit dem Polizeinotruf in Erinnerung geblieben. Er wollte in der unklaren Situation nämlich Hilfe holen, da sogar die Straßenbahn schon im Stau steckte. Die Reaktion des beamteten Gesprächspartners überraschte Eselböck: „Is a Bluat? Is irgendwer valetzt? Na? Daun kumma ned", sei ihm beschieden worden, erzählt er dem Richter.

Der S. schlussendlich freispricht. Böhm sieht keine Nötigung, da der Angeklagte seine Kontrahentin nicht zum abrupten Abbremsen genötigt habe. Die Sachbeschädigung will er aufgrund der widersprüchlichen Angaben und des geringen Schadens auch nicht verurteilen, da er im Zweifel keine Beschädigungsabsicht erkennt.

Der „Rotzbua" und die „schwule Sau" in der Tempo-30-Zone

Genaugenommen hat die soziale Ader seiner Mutter Christopher P. mit einer Anklage wegen schwerer Körperverletzung vor Richterin Cristina Salzborn gebracht. Denn Frau P. war es, die als Beifahrerin ihren Sohn am 15. November in Wien-Liesing aufforderte, wegen eines am Straßenrand gestikulierenden alten Mannes stehen zu bleiben und zu fragen, ob er Hilfe benötige.

Das ist zumindest die Geschichte, die der 33-jährige Angeklagte und seine Mutter als Zeugin erzählen. Das Opfer, der 69 Jahre alte Herr S., der sich bei dem Vorfall den Arm gebrochen hat, schildert einen komplett anderen Ablauf.

Aber zunächst ist P. an der Reihe. Er bekennt sich nicht schuldig und plädiert auf Notwehr. „Ich war mit dem Firmenwagen unterwegs, vor mir waren zwei andere Autos, hinter mir eines. Meine Mutter hat mit meiner Schwester telefoniert, zu der wir fahren wollten", erinnert sich der Unbescholtene.

Plötzlich habe ihn seine Mutter auf den gestikulierenden Passanten aufmerksam gemacht. „Sie hat gesagt, ich soll stehen bleiben und fragen, ob er Hilfe braucht. Ich wäre weitergefahren", gibt er zu. Dann erinnerte er sich aber daran, dass ihm ein Kollege gesagt habe, es gebe ein Problem mit dem Licht bei dem Firmenwagen. „Ich habe mir gedacht, vielleicht ist es wirklich ausgefallen oder ich habe einen Patschen."

Er hielt also an und ging zum Passanten retour. „Der war gleich völlig aggressiv", sagt der Angeklagte. Er habe „Was ist los?" gefragt, worauf ihm die Hand-

lungsanweisung „Schleich di, du Rotzbua" entgegen-
geschleudert worden sei. Auch von einer Geschwin-
digkeitsüberschreitung sei die Rede gewesen, ehe S.
dem Angeklagten einen Stoß gegen die Brust versetzt
habe. „In der Reaktion habe ich ihm dann auch einen
Stoß gegeben." Ob sein Kontrahent hingefallen sei,
kann der Angeklagte nicht mit Sicherheit sagen. Er
habe es jedenfalls mit der Angst zu tun bekommen
und sei zurück zu seinem Auto gegangen. Als er ein-
steigen wollte, habe ihm S. noch einen Schlag auf den
Hinterkopf verpasst.

„Wie schnell sind Sie denn gefahren?", will Salzborn von P. wissen. Knapp 40 km/h in der Tempo-
30-Zone, schätzt der Angeklagte. Die von S. in seiner Anzeige behaupteten „mindestens 70" könnten
es jedenfalls nicht gewesen sein, er habe überhaupt
keinen Grund gehabt, so schnell unterwegs zu sein.

Herr S. bleibt während seiner Zeugenaussage
jedoch dabei. Er habe damals gerade Einkäufe aus
seinem Wagen geräumt, als der Angeklagte mit weit
überhöhter Geschwindigkeit herangebraust sei. Als
Reaktion habe er mit drei Fingern gedeutet, dass hier
die Geschwindigkeit auf 30 km/h begrenzt sei. Danach habe er sich wieder den Einkäufen gewidmet.

Nach der Darstellung von S. sei P. unvermittelt
aufgetaucht und habe gefragt: „Host du ma den
Finger zagt?" Der Zeuge vermutet, dass sein Gegner die Gesten falsch interpretiert hat. Das sei noch
der freundlichste Teil der Kommunikation gewesen,
weitergegangen sei es unter anderem mit der Aufforderung: „Du woame Sau, geh scheißn!" Er habe
die Polizei rufen wollen, sagt S., als P. ihm plötzlich
einen Ellbogencheck verpasst habe, der ihn gegen

einen Bauzaun schleuderte. Dabei sei sein Knochen gebrochen. Als er am Boden gelegen sei, habe der Angeklagte sich noch über ihn gebeugt und sich mit den Worten „Des host jetz davo, du schwule Sau" verabschiedet.

Dass er P. zuerst weggestoßen oder ihm später auf den Kopf geschlagen habe, bestreitet der Pensionist ebenso wie jegliche Aggression von seiner Seite. „Ich darf mich nicht aufregen, ich habe schwere Herzprobleme", verrät er der Richterin. Außerdem habe er eine kaputte Wirbelsäule und könne sich nicht rasch bewegen. Insgesamt will er fast 3200 Euro an Schmerzensgeld. P.s Verteidiger will vom Zeugen wissen, ob in der Straße öfters jemand zu schnell fahre. S. bejaht und gibt zu, dass ihn das durchaus ärgere.

Die Mutter des Angeklagten wiederum stützt die Version ihres Sohnes. Die 54-Jährige schildert durchaus glaubwürdig, wie sie die Sache wahrgenommen hat. Nachdem ihr Sohn auf ihre Bitte hin ausgestiegen sei, habe sie weiter mit der Tochter telefoniert und das Geschehen in ihrem Rücken nicht weiter beachtet. Plötzlich habe ihr Sohn die Tür aufgerissen und gesagt, dass S. wahnsinnig sei. Den Schlag auf den Hinterkopf habe sie selbst wahrgenommen. Wie schon bei der Polizei kann sie nicht sagen, ob die flache Hand oder die Faust verwendet wurde, betont sie.

P.s Verteidiger hält in seinem Schlussplädoyer nochmals fest, dass sein Mandant bisher noch nie mit dem Gesetz in Konflikt gekommen sei. Wäre P. ein Aggressor, der sich von einem gestreckten Mittelfinger provozieren lasse, hätte er garantiert schon eine Vorstrafe, ist der Rechtsbeistand überzeugt.

Salzborn dürfte das auch so sehen: Sie spricht P. rechtskräftig frei. Sie könne nicht mit der für eine Verurteilung notwendigen Sicherheit sagen, was sich wirklich abgespielt habe. Eine Notwehrsituation sei denkbar, auch, da die Mutter des Zeugen einen sehr überzeugenden Eindruck gemacht habe.

Blaues Blut und Vorrangregeln

Faustregelmäßig kann man davon ausgehen, dass mit der Zahl der Vornamen die adelige Rangstufe steigt. Bei Johann H. muss Richter Christian Noe bei der Überprüfung der Personalien gleich fünf Stück davon vorlesen – kein Wunder, ist der Angeklagte doch Spross eines einst hochadeligen Geschlechts.

Auf der Anklagebank sitzt der 51-jährige Pensionist aber nicht alleine. Der Erstangeklagte ist Franz D., Geschäftsführer seiner eigenen Firma, und er weiß nicht, ob seine Eigentumswohnungen eine oder zwei Millionen Euro wert sind.

Dass die beiden also aus einer gemeinhin als „bessere Kreise" titulierten Schicht stammen, hat sie dennoch nicht vor einer Anklage wegen Körperverletzung bewahrt. Sie sollen sich im Zuge eines Streits im Verkehr gegenseitig attackiert haben. H. hatte danach einen verrenkten kleinen Finger, D. einen geschwollenen Knöchel.

Die unbescholtenen Angeklagten bekennen sich nicht schuldig und plädieren jeweils auf Notwehr. Erstangeklagter D. sagt, H. habe ihm telefonierend den Vorrang genommen und ihn dann nicht mehr einreihen lassen. Dann sei der Kontrahent ausgestiegen, er auch, es sei zu einer kurzen, nicht besonders freundlichen Auseinandersetzung über die Gesetzeslage gekommen.

Dann habe H. versucht, ihn zu attackieren; da dieser so langsam gewesen sei, habe er aber immer ausweichen können und sei nur einmal getroffen worden und dann eher davongerannt. „Dann ist er zu meinem Lieferwagen gegangen, hat den Zündschlüssel genommen und wollte ihn von der Brücke auf die Schnellbahn werfen", behauptet der Erstangeklagte.

Das ist von ihm sogar fotografisch dokumentiert, misslang aber. Als D. sein Eigentum wieder aufheben wollte, attackierte ihn H. nochmals mit Fäusten. „Ich bin dann zur Busstation gegangen und habe Leute gebeten, für mich als Zeugen auszusagen. Die meisten haben mich ausgelacht." Nur ein 14-Jähriger, der auch die Polizei verständigt hatte, gab seine Personalien her.

Der Zweitangeklagte erzählt dagegen, er sei vom mit überhöhtem Tempo heranbrausenden D. beim Abbiegen überrascht worden. Dass er telefoniert habe, gibt er zu. „Mit meinem Bruder, der ist Priester", wie er zweimal betont.

Für ihn sei die Situation eigentlich schon geklärt gewesen, an der nächsten Kreuzung sei der andere ausgestiegen und wüst schimpfend angekommen. „‚I hau da in die Goschn!', hat er gesagt." Auch H. echauffierte sich, „wir haben uns gegenseitig Komplimente gemacht", beschreibt er das.

Als er sich schon abwandte, habe ihn der Gegner von hinten berührt, ihm ins Gesicht gespuckt und, als er eine Abwehrbewegung gemacht habe, von oben mit den Fäusten H.s Hände getroffen. „Ich habe sofort einen stechenden Schmerz gespürt." Die Sache mit dem Schlüssel gesteht er zu. „Ich war natürlich superwütend, aber ich habe nie vorgehabt, ihn von der Brücke zu schmeißen." Ob die Staatsanwaltschaft das deshalb nicht angeklagt hat, bleibt offen.

Der als Zeuge auftretende Schüler bestätigt eher die Version des Erstangeklagten. Ein erstmals vernommener Zeuge, der D. nach dem Vorfall gesehen hat und als extrem wütend beschreibt, stellt sich allerdings als Bekannter des Zweitangeklagten heraus.

Der medizinische Sachverständige Christian Reiter wiederum kann nicht mit Sicherheit sagen, wie sich die beiden Männer ihre Verletzungen zugezogen haben; es gebe mehrere Möglichkeiten dafür, sagt er.

Die logische Folge: Richter Noe spricht beide nicht rechtskräftig frei. Das Schmerzensgeld für den kleinen Finger, das H. will, muss er daher zivilrechtlich einklagen.

Der Zigarettenstummel und der Kettenhandschuh

Eigentlich, erzählt Angeklagter Gunnar L. (Name geändert, Anm.) Richterin Katharina Adegbite-Lewy zunächst, habe er am 23. Juni gegenüber Radica O. nur seinen pädagogischen Standpunkt klarmachen wollen. „Ich habe aus meinem Auto einen Kettenhandschuh geholt, ihn angezogen und gewachelt. Weil mich ihre vulgären Beschimpfungen vor dem Kind so gestört haben", behauptet der unbescholtene Mietwagenchauffeur, der sich wegen gefährlicher Drohung verantworten muss. Die Sorge um das sittliche Wohlergehen galt aber überraschenderweise Frau O.s 16-jähriger Tochter.

Begonnen hat die Geschichte an einer Kreuzung in Wien-Ottakring, die Details sind umstritten. Der 44-jährige Angeklagte sagt, O. habe ihn geschnitten, die Zeugin behauptet, es sei umgekehrt gewesen. Unbestritten ist, dass während der Weiterfahrt wechselseitig international bekannte gestische Unmutsäußerungen unter Verwendung des Mittelfingers folgten. Am meisten regte den Angeklagten aber auf, dass seine Gegnerin angeblich eine glimmende Zigarette auf sein Auto schoss.

L. wollte die 46-Jährige zur Rede stellen und fuhr ihr über eine längere Strecke nach, eh er sie überholte, stoppte und zum Fahrerfenster ging. „Sie hat mich vulgär bis aufs Letzte beschimpft!", erinnert sich der große und bullige Angeklagte. „Und wie haben Sie sie zur Rede gestellt?", will Adegbite-Lewy wissen. „Ich war schon ein bisschen aufgeregter", gibt er zu. „Aber sie hat ‚Hurensohn' und ‚Fick deine Mutter' gesagt! Neben dem Kind!", empört er sich.

Seine Reaktion: Er ging zu seinem Gefährt und legte den Kettenhandschuh, den er aus ungeklärten Gründen mithatte, an. Dass er damit Schläge andeutete, bestreitet er nicht. Verbal habe er aber nicht gedroht. Beim Abgang habe er dann noch auf Frau O.s Seitenspiegel gehaut.

Der wahrscheinlichere Grund für seinen Aggressionsausbruch zeigt sich in einem anderen Zitat. „Wissen Sie, ich fahre Autos, die kosten bis zu 80.000 Euro. Und man wirft keine Zigaretten auf fremde Autos. Ich bin ein bisserl stolz auf die Autos und heikel", erklärt L. der Richterin.

Zeugin O. erzählt, sie habe sich gefürchtet, als der Angeklagte ihr nach dem Verkehrsdisput nachgefahren sei. Nachdem er sie dann gestoppt hatte, sei er zum Fenster gekommen und habe „Na, du Schlampe, bist deppad? Willst eine auf die Goschen?" gesagt. Als er mit dem Kettenhandschuh zurückgekommen sei, habe sie gehupt, um Passanten auf ihre Situation aufmerksam zu machen. Ob sie an diesem warmen Tag bei offenem Fenster geraucht habe, wisse sie nicht mehr. Auch die Tochter schildert, die Situation als bedrohlich erlebt zu haben.

Adegbite-Lewy verurteilt L. zu einer Geldstrafe: 120 Tagessätze à vier Euro, die Hälfte davon ist bedingt auf drei Jahre. „Das bedeutet, wenn in den nächsten drei Jahren nichts mehr passiert ...", beginnt Adegbite-Lewy, wird von L. aber unterbrochen. „Es wird nichts mehr passieren. Weil ich jetzt arbeitslos bin." – „Wieso?" – „Weil ich jetzt eine Vorstrafe habe." – „Nein, das Urteil scheint im Strafregister- zeugnis nicht auf", erklärt die Richterin dem Ange- klagten, der beruhigt den Saal verlässt.

Der frierende Polizist und der Schnaps des toten Schwiegervaters

„Es ist ein Brauch von alters her: Wer Sorgen hat, hat auch Likör!", dichtete Wilhelm Busch bereits im Jahr 1872. Gruppeninspektor F. muss einige Sorgen gehabt haben, dass er sich nach erheblichem Alkoholkonsum aber ans Steuer eines Fahrzeugs setzte, bringt ihn wegen versuchter Anstiftung zum Amtsmissbrauch vor einen Schöffensenat unter Vorsitz von Dietmar Nussbaumer in Korneuburg.

Am 12. Dezember hat der 54-jährige niederösterreichische Polizist zur Mittagszeit mit seinem Auto ein parkendes Fahrzeug touchiert und sich dabei leicht verletzt. Im Blut hatte er zum Unfallzeitpunkt 2,28 Promille Alkohol. Aus Sicht der Staatsanwaltschaft war ihm das bewusst – und daher habe er die einschreitenden Kollegen zunächst gefragt, ob nicht einer von ihnen den Alkoholvortest absolvieren könnte. Und später, ob man die Sache nicht „ausradieren" könne.

F. ist sich nicht ganz sicher, wie er sich verantworten soll. „Das war ein schlechter Scherz", sagt er einmal, „Ich kann mich nur schemenhaft erinnern" ein andermal. Es entspinnt sich folgender Dialog zwischen dem Vorsitzenden und dem Angeklagten: „Haben Sie ein Alkoholproblem?" – „Nein." – „Wie oft trinken Sie denn?" – „Eigentlich nur bei Feierlichkeiten." – „Aha. Und was war der feierliche Anlass am 12. Dezember?" – „Keiner", muss der Polizist eingestehen.

Er habe am 11. Dezember im Wochenendhaus der Schwiegermutter die Heizung aufgedreht, erinnert sich der Mann, der seltsamerweise seinen Familienstand als ledig angibt. Allein, es dauerte, bis sich die Luft in dem Gebäude erwärmte. „Da habe ich den Schnaps vom verstorbenen Schwiegervater getrunken, weil mir kalt war", führt F. weiter aus.

Eine deutlich realistischere Aussage als jene, die er im Oktober noch beim medizinischen Sachverständigen getätigt hat. Dem hatte der Beamte nämlich erzählt, er habe zwischen 22 und drei Uhr drei Kräuterbitter konsumiert. „Damit hätte der Angeklagte 0,3 Promille gehabt", rechnet der Experte vor.

Es waren deutlich mehr, dennoch habe er sich am 12. Dezember „fit gefühlt", wie der Angeklagte beteuert, und er sei daher mit dem Auto gefahren. Als er auf sein in der Mittelkonsole liegendes Handy schaute, kam es zum Unfall.

„Haben Sie schon einmal einen Unfall unter Alkoholeinfluss gehabt?", will Nussbaumer wissen. „Nein", lautet die Antwort. Der Vorsitzende zieht die Augenbrauen hoch, sein Lächeln liegt zwischen mitleidig und süffisant. Dann schlägt er einen Akt auf und verkündet, dass die Staatsanwaltschaft Wien im Jahr 2008 ein Verfahren gegen ihn eingestellt hat: G. war mit 0,73 Promille in einen Unfall verwickelt gewesen. „Ich dachte, das ist schon verjährt", entschuldigt sich der Angeklagte.

Der Personalakt der Polizei, aus dem der Vorsitzende zitiert, wirft auch nicht unbedingt ein kerzengerades Licht auf den Angeklagten. Neben dem Unfall 2008, für den er den Führerschein verlor und 300 Euro Disziplinarstrafe erhielt, fiel er in diesem Jahr auch wegen eines verschwundenen Funkgerätes auf. Zwischen September 2010 und Februar 2011 durfte er im Dienst keine Schusswaffe führen, in Mitarbeitergesprächen sei auch sein ungepflegtes Äußeres thematisiert worden. „Was waren die Probleme damals?", interessiert den Vorsitzenden. „Die Frauen", lautet die kryptische Antwort.

Verteidiger Peter Trachtenberg setzt seine Hoffnungen in die beiden Beamten, die seinen Mandanten nach dem Unfall kontrollierten. Beide sagen aus, dass F. augenscheinlich betrunken gewesen sei und sie seine Aufforderungen nicht wirklich ernst genommen hätten. Deshalb hätten sie die Anzeige auch erst später geschrieben.

Für Trachtenberg der Grund, am Ende einen Freispruch zu fordern oder maximal eine diversionelle Erledigung. Ein Wunsch, den ihm der Senat nicht erfüllt. „Wenn es das erste Mal gewesen wäre, hätte man vielleicht noch an einen Scherz glauben können", begründet Nussbaumer die Strafe von 9.000 Euro. „Aber es lief gegen Sie bereits einmal ein Verfahren, Sie wussten daher, was Ihnen drohte." Auch eine Diversion sei aus generalpräventiven Gründen undenkbar, da sich gerade Polizisten auch außerhalb des Dienstes untadelig verhalten müssten.

Road Rage unter Radfahrern

Der Kontrollverlust im Straßenverkehr ist nicht auf eine bestimmte Mobilitätsform beschränkt. Autofahrer, Radfahrerinnen und Fußgänger pöbeln sich in den unterschiedlichsten Zusammensetzungen an, sei es wegen eines Parkplatzes, einer vermeintlichen Vorrangverletzung oder aus unerfindlichen Gründen. Gelegentlich beschränken sich diese Auseinandersetzungen nicht auf den Austausch von Verbalinjurien oder deren gestischen Pendants, sondern enden vor Gericht. Wie der Fall von Robert W. und Thomas H., die vor Richter Marc Farkas sitzen.

Beide sind offenbar passionierte Radfahrer, auch am 13. Dezember waren sie per pedales unterwegs. Und begegneten einander am frühen Abend auf dem Radweg entlang des Donaukanals, was für H. mit einem Schlüsselbeinbruch endete. Demgemäß ist W. wegen schwerer Körperverletzung angeklagt, H. umgekehrt wegen Sachbeschädigung an W.s Fahrrad.

W., 42 Jahre alt und IT-Techniker, erzählt die Geschichte so: „Ich bin nach dem Büro heimgefahren. Herr H. ist mir entgegengekommen, sein Licht hat mich geblendet." Er habe seinem Zweiradpartner daher zugerufen: „Stell dein Licht ein, du blend'st!", erinnert er sich.

Die Reaktion H.s war nicht die von W. erwartete. „Er hat umgedreht, ist neben mir gefahren, hat mich beschimpft und mehrmals eine Wasserflasche in meine Richtung bewegt und was von ‚Einwassern' gesagt. Irgendwann war ich überzeugt, dass er mich mit der Flasche schlagen will, habe den Kopf eingezogen und die Hand vom Lenker genommen, um den Schlag abzuwehren."

Die beiden Unbescholtenen waren zu diesem Zeitpunkt mit etwa 20 bis 25 Kilometern pro Stunde unterwegs, schätzt der Erstangeklagte. Irgendwie hätten sich die Räder dann touchiert, beide kamen zu Sturz. W., der danach die Polizei rief, sagt, H. sei äußerst aggressiv gewesen und habe nach dem Unfall das Rad seines Kontrahenten noch weggeschleudert.

Dem widerspricht der Zweitangeklagte, ein 44 Jahre alter athletischer Pädagoge, als der Richter ihn nach seiner Version fragt. „Ich bin von Klosterneuburg heimgefahren, er hat ‚Blede Sau' zu mir gesagt!", echauffiert H. sich. Dann wendet er sich direkt an den Zweitangeklagten: „Wir kennen uns von einem Monat zuvor, da ist ziemlich Ähnliches passiert", behauptet er, ehe Farkas ihn auffordert, das ihm und nicht dem Mitangeklagten zu erzählen.

„Ich habe zu ihm gesagt: ‚Wir kennen uns ja!', da hat er mich während der Fahrt kommentarlos an der Schulter gepackt und umgestoßen." – „Warum haben Sie überhaupt umgedreht?", interessiert den Richter. „Weil ich wissen wollte, warum ich beschimpft werde."

Nach dem Sturz habe er sofort Schmerzen in der Schulter gespürt. Darüber hinaus soll W. auch noch mehrmals versucht haben, ihn mit der Faust im Gesicht zu treffen, was wiederum der Erstangeklagte bestreitet. „Haben Sie eine Trinkflasche in der Hand gehabt?", fragt der Richter H. noch. „Ja, ich war vier Stunden unterwegs, kann sein, dass ich sie in der Hand hatte."

W.s Verteidigerin Kerstin König präsentiert am Ende noch ein Beweisstück. Ein Handyvideo, das ihr

Mandant nach dem Vorfall aufgenommen hat. Möglicherweise kennt die Anwältin die erbarmenswerte computertechnische Infrastruktur des Straflandesgerichts, sie hat den Dialog der Kontrahenten nämlich auch verschriftlicht.

Da die Lautstärke auf dem PC des Schriftführers tatsächlich nicht ausreicht, verliest Farkas also das Transkript. Demnach sagte H. nach dem Crash sehr wohl: „I hob umagspritzt, kloar, weust imma näher kumman bist!" Für W.s Verteidigerin ein Beweis für die Glaubwürdigkeit ihres Mandanten. Standeskollegin Katharina Hantig-Gröbel, die H. vertritt, sieht das anders: „Wenn nur eine Seite weiß, dass gefilmt wird, kann man auch erreichen, dass das Gewünschte gesagt wird. Herr W. hat mit der Aggression begonnen."

Wer angefangen hat, interessiert Farkas mäßig. Er spricht beide rechtskräftig frei, da sich schlicht nicht eruieren lasse, wie es schlussendlich zu dem Sturz gekommen sei, bei dem H. sich verletzte. Die 1.000 Euro Schmerzensgeld, die der Pädagoge will, muss er daher auf dem Zivilrechtsweg einklagen.

Aus dem Leben des Blutchronikers, Teil 5

Gibt es externe Versuche, Geschichten zu beeinflussen, beispielsweise, indem Verteidiger im Vorfeld mit Klagen drohen? Das ist eine Frage, die einen Gerichtsreporter glücklicherweise kaum zu kümmern hat. Das Wesen einer Reportage ist es, dass man sein subjektives Erleben schildert, wie plausibel einem die Aussagen von Angeklagten erscheinen oder wie man die Glaubwürdigkeit von Zeugen beurteilt. Nur in Ausnahmefällen beschäftige ich mich vorab detailliert mit einer Anklageschrift – aus dem einfachen Grund, da ich so denselben Wissensstand habe wie ein Schöffe oder ein Geschworener. Natürlich plaudert man auch mit Verteidigerinnen und Verteidigern, die ihre Sicht der Dinge darlegen wollen, in die Reportage selbst fließt das aber nur sehr selten ein.

Jene Protagonisten, die mich näher kennen, wissen ohnehin, dass ich das schreibe, was ich schreiben will. In ganz, ganz wenig Ausnahmefällen wird mit juristischen Schritten gedroht, zu einem Medienprozess ist es bisher aber noch nicht gekommen. Vereinzelt sind auch Unmutsäußerungen von – vor allem jugendlichen – Angeklagten zu vernehmen, die nicht damit einverstanden sind, dass über sie berichtet wird, die richten sich aber gegen die Journaille im Allgemeinen und nicht gegen Einzelpersonen.

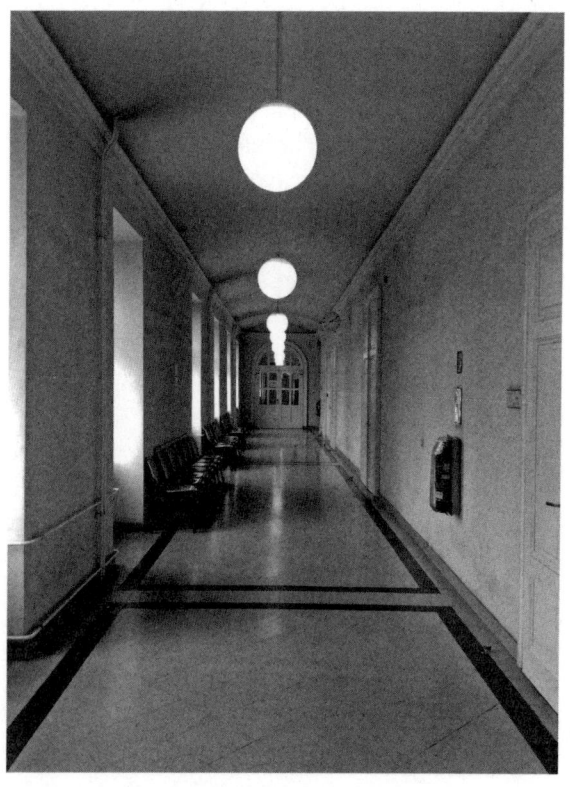

Neben dem existierenden Egon-Schiele-Saal würde sich auch ein Franz-Kafka-Gang zur Würdigung eines großen Künstlers anbieten.

Kapitel 6:
Jung und teils erstaunlich dumm

Seit mindestens 5000 Jahren – so weit reichen schriftliche Dokumente zurück – sind Volljährige davon überzeugt, dass die Jugend faul und respektlos ist; keine Ideale, dafür aber einen grässlichen Kulturgeschmack hat. Ganz offensichtlich also eine Verallgemeinerung, in den Gerichtssälen des Landes kann man jedoch erleben, dass deviantes Verhalten Heranwachsender mitunter tatsächlich erstaunlich ist. Im Folgenden erfahrt ihr unter anderem, wie man mit körperlicher Gewalt ein Internetphänomen werden kann und warum selbst reine Werbe- und Verkaufsveranstaltungen die Möglichkeit bieten, illegal zu Geld zu kommen.

Die Respektschellen als Internethit

Die sechs Angeklagten, die vor dem Schöffensenat unter Vorsitz von Michaela Röggla-Weisz sind, sehen nicht wirklich wie klassische Schlägertypen aus. Die drei Mädchen und drei Burschen, zwischen 16 und 21 Jahre alt, sind bis auf eine Ausnahme eher schmächtig. Und dennoch haben sie im November gemeinsam eine 15-jährige Bekannte verprügelt, schwer verletzt und den Angriff sogar gefilmt.

Das an die Saalwand projizierte Video ist verstörend. Das Opfer steht bei einer Wand, nacheinander schlagen die anderen sie mit der flachen Hand und der Faust ins Gesicht. So stark, dass ihr Kopf immer wieder zur Seite gerissen wird. Dabei macht die Jugendliche keinerlei Abwehrbewegungen und gibt auch keinen Laut von sich. Die Angeklagten stacheln sich dagegen gegenseitig auf. „Mach mich stolz, Schatz", fordert eines der Mädchen beispielsweise ihren Freund auf, ebenso zuzuschlagen.

Der Fünftangeklagte, der zweifach vorbestrafte Amirchan M., war es laut Aussage des Opfers schließlich, der ihr die schwerste Verletzung zufügte: Zwei Faustschläge von ihm führten zu einem doppelten Kieferbruch, zwei Monate lang konnte das Mädchen nur flüssige Nahrung zu sich nehmen.

Die Angeklagten sind alle teilgeständig – dass sie Schläge verteilt haben, geben sie zu, sie hätten aber keine absichtliche schwere Körperverletzung begangen, wie es angeklagt ist. Nur der Sechstangeklagte hat nicht zugeschlagen, ihm wird vorgeworfen, die Tat nicht verhindert zu haben.

Ein wirkliches Motiv können die jungen Menschen dem Senat nicht liefern. Am nächsten kommt einer Begründung noch die Rädelsführerin Leonie H.: Sie habe schon früher Streitereien mit dem Opfer gehabt, außerdem habe dieses ihr ein verborgtes iPhone und Gewand nicht zurückgegeben, behauptet die 16-Jährige.

Am 9. November habe sie erfahren, dass ihre Gegnerin in einem Wiener Einkaufszentrum ist. Sie alarmierte andere und fuhr hin. „Ich habe ein hohes Aggressionspotenzial", gibt H. zu. „Öfters?", fragt die Vorsitzende. „Nicht immer", lautet die Antwort. Sie wolle aber nun wieder eine Therapie machen.

Die sie offenbar dringend nötig hat. Denn schon am Tag nach dem ersten Vorfall versuchte sie einem anderen Mädchen mit dem Fuß ins Gesicht zu treten – auch das wurde von den anderen gefilmt. Am 23. Dezember wurde sie aus der U-Haft entlassen, sechs Tage später beging sie einen Ladendiebstahl, Anfang Jänner bedrohte die in einem Krisenzentrum Untergebrachte ein Mädchen mit dem Umbringen.

Auch die anderen tun sich schwer, einen Grund zu nennen, warum sie zu Gewalttätern wurden. Einer der Tschetschenen und eine Ecuadorianerin sagen, es habe sie wütend gemacht, als die Erstangeklagte behauptete, das Opfer habe einmal einer Somalierin das Kopftuch heruntergerissen.

„Ich habe das geglaubt, daher war ich wütend", sagt der Zweitangeklagte, der wegen Facebook-Drohungen gegen den damaligen Außenminister Sebastian Kurz derzeit in Untersuchungshaft ist. Eigentlich habe er aber gar nicht mitmachen wollen, erst die „Motivation" durch seine Freundin habe ihn dazu gebracht.

„Wenn Sie eh nicht mitmachen wollten, warum rufen Sie dann keine Hilfe?", wundert sich Röggla-Weisz. „Glauben Sie, ich verrate meine Freunde?", reagiert D. empört. „Sie schauen also lieber zu, wie jemand geschlagen wird. Da brauchen Sie noch ein Umdenken", hält die Vorsitzende lakonisch fest.

Auch der Fünftangeklagte, der den Kieferbruch verursacht hat, sagt, er habe Hemmungen gehabt. Tatsächlich bestätigt das Opfer, er habe vor den Schlägen noch „Pati, es tut mir leid" zu ihr gesagt. Sie reagierte mit: „Schlag endlich zu, ich will nach Hause gehen."

So wie er („Ich wollte sie nicht verletzen, ich wollte ihr nur wehtun") bestreiten alle eine Verletzungsabsicht. Es sei um „Respektschellen" gegangen, wie sie es nennen. Nicht nur dieses neue Wort lernt Röggla-Weisz. So ist sie auch völlig verwirrt, als die Ortsangabe „Wir waren Plex" kommt. Wie sich herausstellt, ist das Donauplex-Einkaufszentrum in Wien-Donaustadt gemeint. „Pfffhhh, nicht meine Sprache", stellt die Vorsitzende fest.

Das Video wurde übrigens von der Tante einer Freundin des Opfers ins Internet gestellt – und über drei Millionen Mal angesehen. Wie die Frau zu dem Film gekommen ist, bleibt unklar – die Erstangeklagte sagt, sie habe es nur in einer kleinen Whatsapp-Gruppe verschickt.

Das Urteil: Die Erstangeklagte und der Zweitangeklagte erhalten 18 Monate, sechs davon unbedingt, der Fünftangeklagte 24 Monate, acht unbedingt, die Dritt- und Viertangeklagte bekommen je ein Jahr bedingt, der Sechstangeklagte wird freigesprochen.

Die Teenager und der Speisekartentrick

Schon bei der Überprüfung der Generalien kann man erahnen, was für ein Leben die 14-jährige Felicia B. bisher hatte. Kein gutes. „Wo sind Sie geboren?", fragt Richter Norbert Gerstberger die rumänische Zweitangeklagte. „Portugal", lässt sie übersetzen. „Das ist ein wenig unbestimmt. Lissabon, Porto?", merkt der Richter an. B. bedauert, sie kennt ihren genauen Geburtsort nicht. Auch die im Saal anwesende Mutter, die einen Säugling, eines der zwölf Geschwister von B., im Arm hält, kann nicht weiterhelfen.

Im Herbst soll B. gemeinsam mit dem 15 Jahre alten Erstangeklagten Jonathan T. in Wien unter der Anleitung des 28-jährigen Drittangeklagten Constantin D. auf Beutezug gegangen sein, erklärt Staatsanwältin Anja Oberkofler in ihrem Anklagevortrag. Insgesamt 29 Privatpersonen und drei Unternehmen wurden zu Opfern des Trios, das sich auf Mobiltelefone und Geldbörsen spezialisiert hatte.

Ihr Trick: Die beiden Teenager sprachen in Restaurants und Cafés Gäste an und lenkten sie mit gestenreichen Fragen zur Speisekarte ab. Während sich die Opfer auf die Speisekarte konzentrierten, stahlen die jungen Menschen das auf dem Tisch liegende Handy. Insgesamt betrug die Schadenssumme 35.756 Euro.

„Sie werden sich beide geständig verantworten, aus verschiedenen Gründen, der Vorsitzende wird es verstehen, sie werden aber keine weiteren Angaben machen", kündigt Nikolaus Rast, Verteidiger der beiden Jugendlichen, in seinen Eröffnungsworten an.

Daher wird der von Peter Philipp vertretene Drittangeklagte als Erster auf den Anklagestuhl gebeten.

Der in Deutschland, Italien und Spanien mit insgesamt vier Vorstrafen wegen Eigentumsdelikten versehene sechsfache Vater gibt auf Gerstbergers Fragen knapp Auskunft. „Wir sind zusammen nach Österreich gekommen, um zu stehlen", gibt er unumwunden zu. Er sei der Fahrer gewesen und habe sich um die Logistik wie Hotelbuchungen gekümmert. „Sie sind ja mit den Jugendlichen nicht verwandt. Gehören Sie alle zum selben Clan?", will der Richter wissen. „Ja", lässt der in Deutschland lebende Drittangeklagte übersetzen.

„Wann war Schluss?", will Anklägerin Oberkofler wissen, der aufgefallen ist, dass an mehreren Tagen jeweils drei Mobiltelefone entwendet worden sind. D. behauptet, es habe keine Vorgaben gegeben. Die Beute durch den Weiterverkauf der Handys sei gedrittelt worden.

Wie angekündigt, bekennen sich der 15-Jährige und seine Komplizin nur schuldig, verweigern aber weitere Auskünfte, etwa nach Hintermännern oder -frauen. Richter Gerstberger muss daher auf die im Akt befindlichen Jugendgerichtserhebungen zurückgreifen, um ein besseres Bild der Angeklagten zu bekommen. Dadurch erfährt man beispielsweise, dass die Zweitangeklagte B. nur zwei Jahre lang die Schule besucht hat. Kontakt zu ihrem leiblichen Vater hat die 14-Jährige nicht, insgesamt habe sie bei der Erhebung einen „kindlich-trotzigen Eindruck" gemacht.

Die zahlreichen Opfer schließen sich dem Verfahren als Privatbeteiligte an, obwohl Gerstberger avisiert, dass der Exekutionstitel realistischerweise nicht vollziehbar sein wird. Einen ungebührlichen Auftritt legt dabei der Bruder eines Opfers an den Tag. Der Twen, der auch im Saal keinen Grund sieht, seine Baseballkappe abzunehmen, unterbricht ungebeten die Einvernahme seiner Schwester. „Die gehören rausgeschoben, raus aus Europa! Opfer!", mault er. Zur Empörung der Staatsanwältin droht der Mann beim Abgang auch noch dem Erstangeklagten durch Gesten, er werde ihn im Auge behalten und ihm die Kehle durchschneiden.

Verteidiger Rast skizziert in seinem Schlussplädoyer, dass die Angeklagten Angehörige einer „mobilen ethnischen Minderheit sind, die eine andere Lebenswelt als wir in Mitteleuropa kennen". Die Jugendlichen seien allerdings lediglich „Werkzeug", daher bitte er um eine milde Strafe.

Gerstberger verurteilt die Minderjährigen zu je zehn Monaten bedingt, der Erwachsene muss dagegen 20 Monate in Haft. Den Unterschied begründet er damit, dass es sich bei den beiden Jugendlichen um „Kinder, die wahrscheinlich auch missbraucht worden sind", handle. Den Müttern lässt der Richter übersetzen, dass ihre Kinder nach sechs Wochen Untersuchungshaft in einer halben Stunde entlassen werden. „Dann können Sie sie wieder mit nach Rumänien nehmen. Und dort bleiben Sie besser auch", stellt Gerstberger klar.

Die Depressive und die Beauty-Convention

Glaubt man den Veranstaltern, waren die 5500 Eintrittskarten für „Glow by dm" innerhalb von zehn Minuten ausverkauft. Für den Laien klingt dieses Interesse an der laut Eigenangaben „größten Beauty-Convention Europas" in der Messe Wien überraschend, offenbar gibt es aber genügend Mädchen und junge Frauen, die bereit waren, die regulären Eintrittspreise zwischen 30,40 und 90,40 Euro zu zahlen. Was sich Sophie-Theres E. (Name geändert, Anm.) zunutze machte, indem die 19-Jährige via Internet Karten verkaufte, die sie gar nicht hatte.

Ihr Richter Daniel Rechenmacher dürfte gefühlsmäßig eher nicht zur Zielgruppe gehören, die sich – hier sei wieder aus der „Glow"-Presseaussendung zitiert – „bei spannenden Panel-Talks über die neuesten Make-up-Trends oder ideale Hautpflege" informierte oder über 90 Euro für das „Platinum Ticket" zahlte, mit dem man „ALLES was wir zu bieten haben" bekam: „Zugang zur Convention, Panel-Show, Music-Acts, Meet&Greets, Goodiebag – plus definitiv frei Wahl beim Meet&Greet Slot!".

Der Richter will eher wissen, wie es dazu gekommen ist, dass sich die Unbescholtene von vier Opfern insgesamt 810 Euro überweisen ließ. Und sie sich, ein weiterer Anklagepunkt, über das Amazon-Konto ihres Vaters ohne dessen Wissen Produkte um 29,90 Euro bestellt hat.

„Ich habe vor einem Jahr sehr plötzlich meine erste eigene Wohnung bekommen"; erzählt die recht offen wirkende Teenagerin. „Wir haben eigentlich damit gerechnet, dass man nach dem Antrag sicher ein oder eineinhalb Jahre warten muss, aber es war nach drei Wochen schon ein Schreiben da, dass ich einziehen kann."

Die 18 Jahre Vorbereitungszeit scheinen zu kurz gewesen zu sein: „Ich wusste nicht, wie man Wäsche wäscht oder Essen kocht", schildert E., sie sei überfordert gewesen. Essen habe sie sich daher auf Kosten des Vaters bestellt, der sie angezeigt hat, nun aber keinen Schadenersatz will. „Wenn Sie so unvorbereitet gewesen sind – wieso wollten Sie dann unbedingt eine eigene Wohnung?", interessiert Rechenmacher. „Das hat es immer schon geheißen. Meine Mutter sagte, seitdem ich 15 war, dass sie schon so froh ist, wenn ich ausziehe."

Da sich ihr Einkommen auf 917 Euro Mindestsicherung beschränkte, sei sie auf die Idee mit dem Kartenbetrug gekommen, sagt sie. Sie habe zu der Zeit, knapp vor ihrer Delogierung, auch Depressionen gehabt. „Ich hatte selbst Karten, die habe ich im Internet verkauft. Und dann dachte ich plötzlich nur mehr: ‚Geld! Geld! Geld! Geld!' Es war wie im Rausch."

Mittlerweile lebe sie in einer Sozialeinrichtung, wolle sich auch um eine Psychotherapie bemühen, schildert die ohne Verteidigerin erschienene Angeklagte. „Aber das ist nicht so leicht. Ich habe auch meiner Familie schon von meinen Problemen erzählt, aber es nimmt niemand ernst", bedauert sie. Rechenmacher macht es, und er hat eine gute Nachricht für E.: „Ich denke daran, dass ich Ihnen auch eine Weisung erteile, eine Psychotherapie zu absolvieren. Der Vorteil ist, dass Sie die nicht zahlen müssen, wenn es vom Gericht angeordnet wird."

Die Angeklagte zeigt sich erfreut, ebenso über die Ankündigung, dass sie Bewährungshilfe bekommen wird. Als ihr der Richter auch noch erklärt, dass die drei Monate bedingter Haft, zu der er sie verurteilt, nicht im Strafregisterauszug ersichtlich sind, wirkt E. endgültig glücklich. „Ich brauch das niemandem sagen, wenn ich mich bewerbe?", fragt sie beinahe ungläubig. „Ja, Sie dürfen quasi mit staatlicher Erlaubnis lügen", offenbart ihr Rechenmacher.

„Branding", „Schaumparty" und ein trostloses Leben

Marcel T. (Name geändert, Anm.) ist 16 Jahre alt und lebt in einer Einrichtung der Caritas. Laut Informationsbroschüre eine Unterkunft für „männliche Jugendliche in akuten Entwicklungskrisen", in der „sozialarbeiterische Beratung und Betreuung" geboten werden, „Unterstützung bei der Bewältigung des Alltags" und „Krisenintervention". Im von Richterin Daniela Zwangsleitner geführten Prozess wegen Körperverletzung, Sachbeschädigung, versuchter Nötigung und gefährlicher Drohung zeigt sich aber, dass das Werbeimage mit der Realität nicht übereinstimmt.

„Ich muss in der WG von 8.30 bis 21 Uhr draußen bleiben", erzählt der mit Diversionen vorbelastete Teenager der Richterin. Die fragt außerhalb des Protokolls einen im Saal anwesenden Mitarbeiter, ob das stimme. „Von 8.30 bis 17.30 Uhr müssen die Betreuten die Unterkunft verlassen", verrät der. „Das sieht das Projektkonzept so vor. Damit sie in die Schule oder die Arbeit gehen." – „Ja, aber T. ist ja nicht mehr schulpflichtig und arbeitslos. Wo soll er denn hingehen?", wundert sich Zwangsleitner. Der Betreuer schweigt.

„Und was machen Sie den ganzen Tag?", wendet sich die Richterin an den Angeklagten. „Mich langweilen. Manchmal bei Freunden sein", lautet die Antwort. „Sind Sie beim AMS gemeldet?", will Zwangsleitner weiter von T. wissen. „Weiß ich nicht. Ich wurde abgemeldet."

Die Folge der Langeweile und Ziellosigkeit des Burschen, der Medikamente nimmt und in psychologischer Betreuung ist, war im April beispielsweise eine „Schaumparty" in einer Tiefgarage. T. hatte mit einem Freund zwei Feuerlöscher entleert. „Das war für ein Foto", nennt er als Motiv. „Aber ist Ihnen klar, was passiert, wenn es brennt und die Feuerlöscher defekt sind?", fragt ihn Staatsanwältin Anja Oberkofler. Die Gefahr ist T. bewusst.

Ein weiterer Anklagepunkt: Bei einem Spiel soll T. seinem 14-jährigen Freund eine Brandnarbe zugefügt haben. „Wir haben Wahrheit oder Pflicht gespielt", erzählt er. „Erst gab es Watschen, dann haben wir Branding gemacht." Zwangsleitner lässt sich erklären, was „Branding" bedeutet: Man hält ein Feuerzeug kopfüber, sodass sich die Metalleinfassung erhitzt, anschließend wird diese Stelle dem Opfer mehrere Sekunden auf die Haut gedrückt und hinterlässt eine Brandwunde.

Sein Freund Arian habe, wie alle anderen (betrunkenen) Teilnehmer, dieser Konsequenz zugestimmt, beteuert der Angeklagte. Der 14-Jährige erzählt als Zeuge aber, dass er beim ersten „Branding" durch einen anderen laut geschrien habe und aussteigen wollte. „Da schreit Ihr Freund schon, und Sie machen es danach noch einmal?", fragt die Richterin den Angeklagten. „Ich habe eh gesagt: ‚Chillt a bissi'", rechtfertigt sich der.

Auch seine Mutter hat ihn wegen gefährlicher Drohung angezeigt, ihre Aussage offenbart weitere Abgründe. Aus Furcht vor einem Ex-Partner habe sie T. und seine Geschwister vor 13 Jahren ins Heim gegeben. Seither wanderte er von Einrichtung zu Einrichtung. Bei seltenen Besuchen komme es immer wieder zu Streit, sagt die 39-Jährige.

Die juristische Aufarbeitung einer früheren Auseinandersetzung endete für T. mit einer Diversion samt außergerichtlichem Tatausgleich. Dabei sollen Opfer und Täter unter externer, professioneller Anleitung einen Modus Vivendi finden. T. kam zu dem Termin, seine Mutter nicht. „Warum?", will Zwangsleitner von ihr wissen. „Weil mich das nicht interessiert hat. Weil er endlich lernen muss, dass es Konsequenzen gibt!" T. sagt über die Frau: „Sie ist ein Arschloch. Ich will mit dieser Person nichts mehr zu tun haben."

Das Urteil: drei Monate bedingt plus Bewährungshilfe und die Weisung, sich weiter psychologisch betreuen zu lassen.

Zwerg und Riese in rächender Mission

Max S. und Fatih M. sind 16 Jahre alt, womit ihre Gemeinsamkeiten schon beinahe enden. S. ist körperlich eher jener Typ, der in Oberösterreich als Zniachtl bezeichnet wird, M. dagegen groß und bullig. Was die beiden aber eint, ist, dass sie beide mit dem Vorwurf der schweren Körperverletzung vor Richter Norbert Gerstberger sitzen.

Die beiden sowie ein Strafunmündiger sollen Ende November in einem Park in Wien-Währing einen anderen Jugendlichen verprügelt haben. Der erlitt zwar lediglich Blutergüsse und Beulen, da die Körperverletzung aber „in verabredeter Verbindung" stattfand, droht eine höhere Strafe. Erstangeklagter S. soll darüber hinaus in einem anderen Park einem Kontrahenten zwei körperlich folgenlose Schläge verpasst haben.

Bernhard Kisper und Rudolf Mayer, die Verteidiger des Duos, kündigen an, dass ihre Mandanten sich schuldig bekennen werden. Kisper hat seinen Mandanten auch nach dem Motiv befragt und als Antwort erhalten: „Weil ich cool sein wollte und vor meinen Freunden gut dastehen." Auch Mayer glaubt mit Blick auf die vor ihm auf der Anklagebank Sitzenden an einen gruppendynamischen Prozess: „Der eine ist wie ein Zwerg, der andere ein Riese. Ich kann mir gut vorstellen, was da gelaufen ist."

Wie sich herausstellt, sind die beiden Schüler allerdings keine bösartigen Schläger, sondern eigentlich Altruisten. Sie wollten Schwächeren helfen, sagen beide. Das kommt so: M. hatte von einem Bekannten erfahren, dass das spätere Opfer auf dem Christkindlmarkt von Jüngeren gefordert habe, dass diese Waffelreste, die auf dem Boden lagen, essen sollen. Er erzählte das S., beide waren empört und beschlossen, den anderen Teenager – der körperlich in der Mitte der beiden Angeklagten anzusiedeln ist – zur Rede zu stellen.

Aus der Rede wurden wechselseitige Beleidigungen, den Endpunkt des Diskurses markierte die Deponierung von Speichel vor M.s Füßen. „Dann habt ihr euch gefetzt", stellt der Richter fest. Der zerknirschte S., der bereit ist, 500 Euro seines Taschengeldes als Schmerzensgeld zu zahlen, nickt. Auch Gerstbergers Einschätzung: „Ihr habt euch ein bissi gefühlt wie die Rächer der ungerecht Behandelten", stimmt der Erstangeklagte zu.

Der auch zu seinem zweiten Anklagepunkt dieses Motiv angibt. Das Opfer habe in diesem Fall einige Zeit vorher einen anderen geschlagen. Er wollte eine Entschuldigung erreichen – dazu hätte sich das Opfer niederknien müssen. „Ich habe etwas bedrohlicher geredet und zwei Mal hingeschlagen", gibt S. zu, die Schläge blieben glücklicherweise ohne physische Folgen.

Auch der Zweitangeklagte beteuert, im ersten Fall nicht fest zugeschlagen zu haben. „Da würde der Gegner anders ausschauen", merkt Verteidiger und Boxer Mayer an. „Selbsthilfe sollte man nicht üben", stellt der Richter dennoch klar.

Das Opfer gibt als Zeuge die Waffelgeschichte zu. „Aber ich habe nur Spaß gemacht", behauptet der Teenager. „War aber ein blöder Spaß", kann Gerstberger die Pointe nicht erkennen. Die Angeklagten bieten ihm je 300 Euro Schmerzensgeld an, die er sofort in bar ausgehändigt bekommt.

S. und M. können den Saal schließlich als Unbescholtene verlassen. Der Richter entscheidet sich für eine Diversion unter der Bedingung, dass der Erstangeklagte ein Anti-Gewalttraining absolviert und M. Bewährungshilfe in Anspruch nimmt. „Für heute sind Sie noch einmal glimpflich davongekommen, aber wenn nochmals etwas passiert, wird auch dieses Verfahren wieder aufgenommen", warnt Gerstberger.

Der hilflose Lehrer und sein rabiater Sohn

Eines lässt sich mit ziemlicher Sicherheit feststellen: Familie P. ist mit der Erziehung ihres 16-jährigen Sohnes Severin (Name geändert, Anm.) überfordert. Viermal hat sein Vater bereits Betretungsverbote erwirkt, nun hat der 49-Jährige gar dafür gesorgt, dass sein Sohn mit einer Raubanklage vor dem Schöffengericht unter Vorsitz von Daniel Potmesil ist. Das Bemerkenswerte daran: Vater P. ist AHS-Lehrer.

Der angeklagte Teenager wird von der Polizei in den Verhandlungssaal eskortiert. Zum ersten Verhandlungstermin war der großgewachsene, schlaksige Jugendliche nicht erschienen. „Warum waren Sie letztens nicht da?", ist daher die erste Frage des Vorsitzenden. „Ich wollte es einfach nicht wahrhaben", lautet die knappe Antwort.

Wie er pubertätstypisch überhaupt immer wieder eher einsilbig antwortet. Potmesil befragt ihn zur Nacht des 7. Juni, als er von seinem Vater unter Androhung von Schlägen 60 Euro gefordert und schließlich 15 Euro erhalten haben soll. „Ich weiß, es war eine sehr schwierige Zeit. Ich dachte, ich kann mich aufführen, wie ich will."

„Warum?", will der Vorsitzende wissen. „Gute Frage. Ich weiß es nicht." – „Gab es bestimmte Vorfälle?" – „Nicht unbedingt." – „Was ist konkret am 7. Juni passiert?" – „Ich weiß es nicht mehr. Ich habe auf jeden Fall das Geld gefordert, aber sicher niemanden angefasst. Ich weiß nur noch, dass ich die 15 Euro aus der Geldbörse genommen habe und rausgegangen bin."

Das machte Severin damals überhaupt gerne, nachdem er die Schule abgebrochen hatte, als er an einer Depression erkrankte. Er schlief immer wieder bei Freunden, war dann für seine Eltern nicht erreichbar und kam nur, um Geld abzuholen. Oft muss es dann zum Streit mit den Eltern gekommen sein. Warum sein Vater immer wieder die Polizei zur Hilfe rief? „Das habe ich nie ganz verstanden, es ist eine Art Machtkampf, denke ich. Die Polizei ist immer wieder plötzlich im Zimmer oder der Dusche gestanden, weil er behauptet hat, ich randaliere", schildert der Unbescholtene.

Seit dem Vorfall habe sich das Verhältnis zu den Eltern aber verbessert, berichtet er. Ab Herbst will er wieder eine Schule besuchen, er fotografiert und liest viel. Potmesil versucht nochmals zu eruieren, was am fraglichen Abend genau passiert ist. „Irgendwie werde ich ihn wahrscheinlich schon bedroht haben", gibt der Angeklagte, der sich grundsätzlich schuldig bekennt, zu. Aber er habe es auf keinen Fall ernst gemeint, wie er schon bei der Polizei sagte.

Die verbesserte Beziehung zu den Eltern äußert sich auch darin, dass beide von ihrem Recht Gebrauch machen, die Aussage zu verweigern. Die logische Folge: ein rechtskräftiger Freispruch. „Bedanken Sie sich bei Ihren Eltern", muntert der Vorsitzende den Burschen auf. „Unterm Strich weiß ich nicht genau, was die Drohung war. Mit einem Freispruch kann ich Ihnen auch keine Bewährungshilfe verordnen. Daher nur ein gut gemeinter Rat: Schauen Sie, dass Sie sich eine geordnete Tagesstruktur besorgen", gibt Potmesil Severin noch mit auf den Weg. Der Vater des An-

geklagten hört das nicht mehr – er musste nach seiner
Aussage gleich zurück in die Schule.

Lieber vorbestraft, als im Kindergarten zu helfen

Nun muss man natürlich festhalten, dass Dragan B. kein Schwerverbrecher ist. Der 15-Jährige ist vor über einem Jahr erwischt worden, als er mit einem zweiten Jugendlichen Zeitungskassen aufgebrochen hat. Berichtenswert ist die Geschichte aus einem anderen Grund: Der junge Mann will lieber eine Vorstrafe, anstatt Sozialstunden in einem Kindergarten zu leisten.

Für Richterin Daniela Zwangsleitner gestaltet es sich zunächst schwierig, über die Causa zu entscheiden. Geladen ist B. für 10.05 Uhr, gekommen ist er nicht. Die Richterin spielt zunächst mit dem Gedanken, ihn von der Polizei vorführen zu lassen, entscheidet sich aber doch dafür, es telefonisch bei seiner Mutter zu versuchen.

Diese erreicht Zwangsleitner sogar. Wie sich herausstellt, warten Mutter und Sohn vor der Kanzlei von Verteidigerin Sonja Scheed. Sie werden herbeordert, treffen um 11.07 Uhr ein. B. hat noch nicht einmal auf dem Anklagestuhl Platz genommen, als sich die Mutter lautstark zu Wort meldet. „Er möchte nicht Kindergarten machen, sondern Haft", erklärt sie.

Beim ersten Termin hat sich Zwangsleitner für eine Diversion für den unbescholtenen Teenager entschieden: Er hätte einige Stunden gemeinnützige Leistungen erbringen müssen.

Wollte er nicht, obwohl er durchaus Zeit hätte. „Machen Sie irgendwas?", will Zwangsleitner wissen. „Schule, Beruf?" – „Nein, nix." – „Sind Sie beim

AMS?" – „Ja." Wieder mischt sich die Mutter ein, es stellt sich heraus, dass der Serbe nicht beim Arbeitsamt gemeldet ist, da sein Visum noch fehlt.

„Was wollen Sie machen?", interessiert sich die Richterin weiter. „Arbeit suchen." – „Wo?" – „So am Bau." – „Sie wirken mir ein wenig lethargisch", diagnostiziert Zwangsleiter bei dem lustlos vor sich hinnuschelnden Angeklagten.

Emotionen zeigt der junge Mann nur, als es ums Geld geht. „Sie bekommen jeden zweiten Tag von Ihrer Mutter 20 Euro, um sich Zigaretten zu kaufen?", wundert sich die Richterin. Das ist aber nicht sehr sinnvoll." – „Das ist ja mein Problem und nicht Ihres!", braust der geständige Angeklagte auf.

Für die Staatsanwältin ist es „absolut unbegreiflich", dass man lieber eine Vorstrafe statt einer Diversion nimmt. Verteidigerin Scheed sieht das ebenso. „Ich kann mich der Staatsanwältin nur anschließen. Aber jetzt müssen Sie zeigen, dass Sie sich selbst bewähren können."

Zwangsleitner verurteilt ihn rechtskräftig, spricht aber keine Strafe aus. B. bekommt einen Bewährungshelfer und darf ein Jahr nichts Illegales mehr machen. „Es ist trotzdem eine Vorstrafe. Und ein Bewährungshelfer ist keine Strafe, sondern eine Chance, sage ich immer", belehrt sie den Burschen. „Der kann Ihnen auch helfen, eine Arbeit zu finden."

Freispruch dank mütterlichen Misstrauens

Jelena M. (Name geändert) ist fünfzehneinhalb Jahre alt und angeblich Mitglied einer terroristischen Vereinigung. Das wirft ihr zumindest die Staatsanwaltschaft vor, und daher sitzt die Schülerin vor dem Schöffensenat unter Vorsitz von Daniela Zwangsleitner. M. soll via Internet einen IS-Kämpfer geheiratet und ihre Reise nach Syrien geplant haben.

Der erste Eindruck, den sie auf das Gericht macht, ist ausbaufähig. Sie und ihre Familie kommen fast zehn Minuten zu spät. Als das Mädchen auf dem Anklagestuhl Platz nimmt, fällt Zwangsleitner etwas auf. „Haben Sie einen Kaugummi?", fragt die Vorsitzende. „Ja", hört sie als Antwort, der Teenager ist ratlos, was er machen soll. „Schlucken ist ungesund. Also gehen Sie schnell hinaus und entsorgen ihn", erlaubt ihr Zwangsleitner.

Ursprünglich war M. serbisch-orthodox, im Sommer 2014 konvertierte sie zum Islam, verließ die elterliche Wohnung nur noch im Tschador, trägt die Staatsanwältin vor. Über Internet lernte der Teenager ein in das vom „Islamischen Staat" kontrollierte Gebiet migriertes Mädchen kennen, das sie fragte, ob sie nicht heiraten wolle.

M. wollte, die Trauung nach islamischem Recht erfolgte virtuell. Zueinander fand man nicht. Denn nach einem anonymen Tipp kam schon zuvor die Polizei vorbei und sprach mit den Eltern der Minderjährigen. Worauf die Mutter den Pass verwahrte und dem Mädchen trotz mehrerer Bitten nicht herausgab.

Man muss auch feststellen, dass die Liebe nicht überbordend gewesen sein dürfte. Im Frühjahr 2015 war das Mädchen nämlich wegen psychischer Probleme wochenlang im Spital. Als sie das Krankenhaus wieder verlassen konnte, hatte ihr „Ehemann" in Syrien das Interesse verloren.

Sie überwand die Enttäuschung rasch und vermählte sich mit einem anderen Syrer. Allein: Die Mutter hatte den Pass noch immer versteckt, die Angeklagte versuchte eine Reisevollmacht der Eltern zu fälschen und schrieb einen Abschiedsbrief an sie. Schließlich kam die Polizei, auf M.s Computer wurden einschlägige Propaganda und Bilder von Hinrichtungen gefunden.

„Es sitzt heute hier ein Kind vor Gericht", sagt M.s Verteidiger. Seine Mandantin habe nach dem Übertritt zum Islam die Religion zunächst im Geheimen ausgeübt, „es kam dann auch zu gewissen familiären Spannungen". Die Details will der Rechtsvertreter nicht coram publico breittreten, er beantragt den Ausschluss der Öffentlichkeit, dem stattgegeben wird.

Aus der Urteilsbegründung durch Zwangsleitner ist die Verteidigungslinie des Mädchens zu rekonstruieren: Sie habe von einem friedlichen Leben in Syrien samt Kochen, Putzen und Kinderkriegen geträumt. Und habe eigentlich gar nicht genau gewusst, was ihr erster Angetrauter da unten mache.

„Das haben wir Ihnen nicht geglaubt", stellt die Vorsitzende klar – nachdem der Senat den Teenager trotzdem freigesprochen hat. „Sie wollten den IS zumindest psychisch unterstützen, und an sich reicht die Zusage, dorthin zu kommen, schon dafür", erklärt die Vorsitzende.

Nur: „Wir haben keinen Beweis gefunden, dass Sie je eine konkrete Zusage gemacht haben, da Sie ja keine Möglichkeit hatten, zu einem Pass zu kommen. Sie haben auch nicht versucht, ein Ticket zu kaufen oder auf dem Landweg nach Syrien zu kommen."

Die Vorsitzende entlässt die Schülerin mit einem guten Ratschlag: „Sie können Ihrer Mutter um den Hals fallen, dass die den Pass versteckt hat!"

Der Lehrling und die Nötigung mit zwei Dildos

Der quasi unsterbliche nordirische Fußballer George Best hat einmal gesagt: „Ich habe viel Geld für Alkohol, Frauen und schnelle Autos ausgegeben. Den Rest habe ich einfach verprasst."

Angeklagter M. ist zwar nur Lehrling, hat aber eine ähnliche Ausdrucksweise. „Ich habe 500 Euro im Monat zum Wohnen im Hostel gebraucht, den Rest habe ich für unnötiges Zeugs verpulvert", erzählt er Daniela Zwangsleitner, der Vorsitzenden des Schöffensenates, was er mit den fast 10.000 Euro gemacht hat, um die er 80 Menschen betrogen hat.

Drei Vorwürfe erhebt die Staatsanwaltschaft gegen den 19-Jährigen: gewerbsmäßiger schwerer Betrug, versuchte Nötigung und Körperverletzung. Seine Masche war simpel, dank des Internets aber durchaus gewinnbringend. Er inserierte, kassierte Geld, lieferte aber nie. Oder er machte es umgekehrt – bestellte und übermittelte gefälschte Überweisungsbelege.

Die zweite Variante hat ihm den Nötigungsvorwurf eingebracht: Nachdem ein potenzielles Opfer misstrauisch geworden war und seinen Laptop nicht geschickt hatte, entstand eine Mailkonversation. Der jungen Staatsanwältin ist es fast unangenehm, den Inhalt vorzutragen: „Der Angeklagte hat dann ‚Ich werde deiner Mutter zwei Dildos in den Arsch rammen' geschrieben", sagt sie im Eröffnungsplädoyer.

Der Teenager bekennt sich schuldig. „Wann sind Sie auf die Idee gekommen?", will Zwangsleitner wissen. Die Antwort ist entwaffnend: „Als ich Geld gebraucht habe." Im Spätsommer 2014 hat er begonnen, ab Dezember war er obdachlos.

„Wovon haben Sie gelebt?" – „Vom Arbeitslosengeld." – „Wie hoch war das?" – „So 700 Euro." – „Davon konnten Sie nicht leben?" – „Kaum. Ich habe schon 400 Euro für die Miete gebraucht." – „Und sind Sie sich dabei nicht schäbig vorgekommen? Die Opfer, die da draußen vor dem Saal stehen, schauen auch nicht so aus, als ob sie viel Geld hätten." – „Doch", lautet die kleinlaute Antwort.

Mit der Beute bestritt er allerdings nicht nur den reinen Lebensunterhalt: Er machte auch den Führerschein, kaufte sich ein Auto und fuhr durch Europa, gesteht er ein.

Im Februar 2014 war der junge Mann schon einmal am Bezirksgericht wegen Körperverletzung verurteilt worden. „Wissen Sie noch, zu wie viel?", fragt ihn die Vorsitzende. „Zwei Jahre auf Bewährung", hört sie als überraschende Antwort. „Das glaub ich eher nicht, das wäre ein bissi viel", sagt Zwangsleitner, während sie in den Akten blättert. Die die Antwort haben: Es waren zwei Wochen Haft, bedingt auf drei Jahre.

Die Strafandrohung im aktuellen Fall beträgt sechs Monate bis zehn Jahre Haft. Nach zehn Minuten Beratung verkündet der Senat sein rechtskräftiges Urteil: 20 Monate Haft, davon fünf unbedingt. Ins Gefängnis muss M. dennoch nicht, erklärt ihm die Vorsitzende. Das Jugendgerichtsgesetz gibt die Möglichkeit, die unbedingte Strafe bis zum Lehrabschluss aufzuschieben – und dann kann sie sogar ausgesetzt werden.

Vom Nötigungsvorwurf wird der Teenager übrigens freigesprochen. „Wir gehen davon aus, dass es für Sie einfach der Schlussstrich unter der Korrespondenz war", begründet die Vorsitzende. Da sich beide ja nicht persönlich kannten und nicht wussten, wo der andere wohnt, sei es nicht als Nötigung zu werten.

„Sie haben Ihr Leben jetzt selbst in der Hand, ob Sie nochmals ins Gefängnis wollen oder nicht", erinnert ihn Zwangsleitner an die sechs Wochen, die er bereits in Untersuchungshaft gesessen ist.

Falsche Freunde, psychische Probleme und Weihnachtsdeko

Beachtliche zwölf unterschiedliche Paragrafen sind es, die Lisa-Marie F. vor den Schöffensenat unter Vorsitz von Michaela Röggla-Weisz gebracht haben. Von Diebstahl bis Tierquälerei, von Raub bis Sachbeschädigung spannt sich der Bogen der Vergehen, die der unbescholtenen 18-Jährigen vorgeworfen werden. Neben ihr sitzt Jasmin Z., 17 Jahre alt und dreifach vorbestraft, die an einem Teil der Taten teilgenommen haben soll. Beispielsweise an den 121 Fällen, in denen das Duo Postkästen aufbrach oder Briefe herausfischte. Die spektakulärste Beute dabei: zwei Karten für ein Rod-Stewart-Konzert.

Auch Einbrüche in Kellerabteile brachten zum Teil eher bedingt verwertbares fremdes Eigentum: Weihnachtsdekoration, Stofftiere, einen Ventilator. Selbst ihre Betreuungseinrichtung, ein Sozialverein, war nicht sicher: Einmal brachen Lisa-Marie und Jasmin die Tür zum Dienstzimmer auf und stahlen Medikamente sowie Putz- und Lebensmittel. Beim zweiten Mal durchbrachen sie gar die Wand.

F. gesteht die meisten Punkte. Lediglich diverse Sachbeschädigungen seien in Wahrheit durch die Zweitangeklagte ausgeführt worden, was diese zugibt.

„Können Sie mir erklären, was mit Ihnen los ist?", fragt Röggla-Weisz. „Ich leide an Borderline und meiner Aggressivität", antwortet die Erstangeklagte. Und: „Falsche Freunde" habe sie gehabt.

In der dreimonatigen Untersuchungshaft habe sie aber mit anderen Häftlingen gesprochen und erkannt, „dass es auch anders geht". Bereits vor ihrer Verhaftung habe sie eine Wohnung bekommen, einen Job als Kellnerin in Aussicht gehabt und einen neuen Freund gefunden, der nichts mit ihrer Vergangenheit zu tun hat.

Der großgewachsene Teenager vermittelt seine Wandlung durchaus glaubhaft, spricht klar und offen. Lediglich die beiden Raubüberfälle streitet F. ab. Beim ersten stellt sich später heraus, dass das mutmaßliche Opfer sich eigentlich nicht mehr erinnern kann. Beim zweiten wird F. vom Opfer entlastet – bei der Polizei hat sie die geplante Tat damals allerdings noch zugegeben.

Dass sie einem Bekannten das geborgte Handy nicht zurückgegeben habe, leugnet sie ebenso. Der sei ein Stalker, sagt die 18-Jährige und will ihn im Saal nicht einmal sehen und hinausgeführt werden. Der 34-Jährige macht als Zeuge tatsächlich einen seltsamen Eindruck, als ihn Röggla-Weisz befragt. „Waren Sie mit ihr zusammen?", will diese wissen. „Kurzfristig", lautet die Antwort. „Wie lange?" – „Einen Tag. Am 5. Jänner."

Zweitangeklagte Z. ist zwar auch geständig, aber deutlich konfuser. Auch sie sei erst durch die falschen Freunde im Sozialverein abgerutscht. Die bisherigen Verurteilungen waren nur bedingt lehrreich. Zum AMS beispielsweise hat sie es bis heute nicht geschafft. „Warum?", fragt die Vorsitzende. „Weil ich oft mit Freunden unterwegs bin. Und dann kann ich nicht aufstehen." Aber sie sei schon braver geworden.

Dass sie eine frühere Weisung zu einer Therapie und Bewährungshilfe praktisch ignoriert hat, begründet sie damit, dass ihr die Ärzte nicht zugesagt hätten und sie durch Haschischkonsum lethargisch geworden sei. „Ich brauch das einfach, sonst werde ich aggressiv. Aber ich will von dem Scheiß wegkommen", verspricht sie.

Alexandra Cervinka, Verteidigerin der Erstangeklagten, stellt im Schlussplädoyer eine durchaus berechtigte Frage: „Was macht man mit jemandem, der so viele Punkte zu verantworten hat?" Ihre Antwort: „Sie ist jetzt in einem engmaschigen Betreuungsnetz, das weiter beibehalten werden sollte. Dadurch ist schon eine deutliche Änderung eingetreten, sie ist auch schuldeinsichtig."

Der Schöffensenat sieht das auch so. Das Urteil beträgt 20 Monate, davon sind die schon in U-Haft verbüßten drei Monate unbedingt. Dazu kommen Weisungen: zur psychotherapeutischen und medikamentösen Behandlung und Bewährungshilfe. „Das Heilmittel ist nicht die Haft, aber Sie müssen sich massiv damit auseinandersetzen", begründet Röggla-Weisz.

Die dreifach vorbestrafte Z. kommt mit ebenfalls nicht rechtskräftigen 21 Monaten bedingt davon. „Das ist Ihre aller-, aller-, allerletzte Chance", verrät ihr ihre Verteidigerin Christa-Maria Scheimpflug noch.

Einladung an den Arbeitsplatz des Blutchronikers

Am Ende hoffe ich nun, dass euch meine Geschichten Vergnügen bereitet, euch zum Kopfschütteln oder zum Nachdenken gebracht haben. Falls ihr selbst einmal an einer Gerichtsverhandlung als Zuseherin oder Zuseher teilnehmen wollt, kann ich euch das nur empfehlen. Grundsätzlich ist in Österreich jeder Strafprozess öffentlich und frei zugänglich, besonders prominente Verfahren werden oft in den Medien vorab angekündigt. Man kann sich aber auch wahllos in einen Saal setzen und die Vorgänge verfolgen – es ist durchaus lehrreich, zu erkennen, dass im echten Leben Prozesse nicht so wie in Film und Fernsehen ablaufen. Und grundsätzlich schadet es nie, wenn staatliches Handeln von der Bürgerschaft begutachtet wird.

Inhalt*

---

*   Die mit einem * markierten Fälle erscheinen in diesem Buch zum aller-
    ersten Mal. Die anderen Texte wurden bereits in DER STANDARD
    veröffentlicht und uns für dieses Buch freundlicherweise zur Verfü-
    gung gestellt.

Auflage:
4   3   2   1
2024 2023 2022 2021

© 2021
HAYMON verlag
Innsbruck-Wien
www.haymonverlag.at

Einige der in diesem Buch veröffentlichten Texte wurden
bereits im Chronik-Ressort des STANDARD veröffentlicht
(vgl. Inhaltsverzeichnis).

ISBN 978-3-7099-8104-7

Inhaltliche Betreuung, Lektorat: Haymon Verlag / Linda Müller
Projektleitung: Haymon Verlag / Melissa Modersbacher
Buchinnengestaltung nach Entwürfen von himmel. Studio für
Design und Kommunikation, Innsbruck / Scheffau –
www.himmel.co.at
Umschlag: Eisele Grafik · Design, München, unter Verwendung
folgender Bildelemente: Illustration von Stefanie Sargnagel
Satz: Da-TeX Gerd Blumenstein, Leipzig
Sämtliche Bilder im Innenteil: Michael Möseneder
Autorenfoto: Gerald Hesztera

Gedruckt auf umweltfreundlichem,
chlor- und säurefrei gebleichtem Papier.

Seit 1993 ist Michael Möseneder beruflich im Chronik-Ressort des STANDARD daheim. Am meisten hat ihn immer die sogenannte „Blutchronik" beschäftigt – zunächst als Polizeiberichterstatter, dann als Gerichtsreporter. Mit „Der Taubenhasser und das Fenster zum Hof" (2021) sind seine beliebten Gerichtskolumnen endlich auch als Buch erhältlich.